EXCEPTO EL SEÑOR
Cuando Dios se convirtió en el constructor

Terika Smith, Ed.D

Publicación Excepto El Señor
Una División del Ministerio Terika Smith
PO Box 578
North Andover, Massachusetts

© 2015 por
Dr. Terika T. Smith/Terika Smith Ministries

Todos los derechos reservados. Ninguna parte de este libro puede ser reproducida en cualquier forma sin el permiso por escrito del editor, excepto en el caso de citas breves en artículos importantes o revisiones.

Todo cita escritura a menos acusado de lo contrario se toman de la Nueva Traducción de la Biblia Viviente, 1996 y la Reyna Valera, 1960. Usado por permiso. Todo derecho reservado.

Diseñado por Claudio Rafael

Producido en los Estados Unidos

Impreso en los Estados Unidos de América

La Biblioteca del Congreso data de Catalogo-en-Publicación es accesible

ISBN:978-0-9965967-1-8
ISBN:978-0-9965967-2-5 (electrónico)

Con Gratitud

Este libro está dedicado a los amores de mi vida. Hay tantas personas que caen en esta categoría pero especialmente mis padres, Obispo George and Rev. Evadney Smith. Ellos han sido un gran estímulo e inspiración en mi vida no solo porque son mis padres pero por la consistencia de su persona. El temor de Dios sobre todo. Ellos son amorosos, dadivosos, alentadores, incansables, perseverantes; realmente la lista sigue. Ellos son segundos a nadie; desde la manera en que ellos criaron a nosotros cuatro después de la migración desde Jamaica, dejando todo para ir a un país que no conocían. De la manera que se sacrificaban, a veces haciendo tres trabajos; cada uno mientras todos asistían a la escuela al mismo tiempo. La forma en que nos retaron, no importando nuestra edad a que nunca nos rindiéramos, y que siempre tuviéramos un plan. Mis padres son sonadores y nos inspiran a que seamos sonadores también.

No está bien solo ser, siempre hay más.

Este libro está dedicado a mis hermanos incluyendo a mis cunados: Marius y Kareen Miclausi, Morvin y Diane Smith (Kurtis) y Dwight y Janis Smith. Le agradezco a cada uno de mis hermanos por la inspiración de querer más, a nunca conformarse. Cada uno hemos captado de los ejemplos de nuestros padres y hemos hechos decisiones consientes de seguir adelante. Cada uno de nosotros tenemos nuestras familias y profesión, sin embargo, tenemos la fundación que nuestros padres nos enseñaron, de Cristo en el centro y ser soñadores. Todos hemos crecido y hemos tomado diferentes direcciones, sin embargo estamos anclados en la verdad de nuestra fundación. Es tranquilizante saber que no importa donde yo esté en este mundo, si me raspo una rodilla y mis hermanos se enteran, de inmediato está sonando el teléfono o tocando el timbre. Gracias por ser parte de mi inspiración. Estoy igualmente agradecida por sus cónyuges, mis cuñados. Cada uno me ha alentado a perseverar, cada uno me ha mostrado su apoyo con el mismo amor como si fuéramos de los mismos padres. Gracias.

Este libro está dedicado a mis sobrinos y sobrina: Omar Wisdom, Daniel Miclausi, Justin Smith, Jordan Smith, Sierra Smith, Dwight Smith Jr. Desde cambiarles los pañales y viéndolos ahora como adultos, viviendo sus vidas y de muchas maneras siguiendo la misma fundación establecida no por sus padres, pero por sus abuelos. La tenacidad de mama y papa, refleja la tenacidad de abuela y abuelo. Los ánimos a que no dejen de soñar. No dejen de esforzarse por ser los mejores en lo que hacen. Los amos.

Para mi "mamá" mi "cascanueces" mi "mi damita", Karen Andujar. Desde el momento en que Dios me dio a ti para que te criara, te he amado y me he sentido aún más inspirada a ser mejor de que Dios me ha llamado a ser. Sé que me estaba viendo y le decía al Señor que quería ser igual que El por qué tú me estabas viendo. Tú fuiste una gran inspiración para mí en escribir este libro. Yo espero que la transparencia de este libro sea de inspiración para que vea que con Dios TODO es posible. Tu ayer está detrás de ti. Dios tiene un plan y tú necesitabas el ayer para poder apreciar y pisar valientemente en tu destino. Te amo mama.

Un agradecimiento especial también a mi familia de la iglesia, "Ríos de Agua Viviente Iglesia Internacional" por ser una torre de fortaleza para mí. Mi familia adoptiva, los Aviles y mi hijo adoptivo, Carlos Ditren y pronto a ser sobrina Yesica Liriano. Gracias por su sabiduría y apoyo.

Prólogo

Antes de que comience a leer este libro, permítame que le advierta: ¡Usted será desafiado a cambiar! Mi querido hermano y hermana, si se siente satisfecho con su relación con Dios, este libro no es para usted. Porque en estas páginas descubrirá una combinación de dos cosas: el testimonio de la intervención directa del Dios Todopoderoso en la vida del creyente que espera y quiere mas de Dios, y un instrumento para impartir lo mismo en su vida.

Este libro "Excepto el Señor" al igual que su esencia el versículo 1 del Salmo 127; tiene como objetivo hacernos ver en quien debemos confiar, esperar y depender.

Debemos depender de la bendición de Dios, y no de nuestros esfuerzos para levantar una casa, de lo contrario, nos esforzamos hasta quedar exhaustos.

Creo que el Señor desea levantar a cada creyente para que avance y alcance el propósito, para el cual fue diseñado. Por esta razón, cada creyente en Cristo necesita moverse a un nivel, y ese nivel es de total entrega a la voluntad de Dios.

Creo que el libro que usted tiene en sus manos ha sido divinamente ungido como un instrumento para ayudarlo a llegar a ese nivel.

Terika Smith, Ed.D

Puede ser que usted no atraviese una experiencia de cambio de vida tan dramática como la de Terika Smith, pero si usted le da a Dios libertad para obrar en su vida en la forma que el quiera, usted sin duda alcanzará ese nivel, porque esa es la voluntad de Dios.

Este libro es acerca de ti y de tu pasión por entender la vida. Es acerca de tu búsqueda de control sobre tus circunstancias y tu destino. Es acerca de vivir la vida al máximo y acerca de reconectarse con tu propio yo. Tu no ha sido creado solamente para existir sino para vivir una vida plena e importante. Este libro se refiere a esa vida- ¡Tu Vida!

Mi oración es que cuando lea este libro, usted reciba la impartición completa de "Excepto el Señor".

Obispo Juan Núñez R.
Pastor Centro Cristiano Camino de la Salvación

Contenido

Con Gratitud v
Prefacio ix
Introducción 1
La tormenta perfecta 5
Artefactos # 1 12
Artefactos # 2 22
    Señor Hazme de Nuevo 23
Rompiendo Terreno Fase I 28
    Vientre o la Tumba 29
    Rompiendo Terreno 35
    Vientre dentro del Vientre 41
    Descansa en la Promesa 55
Artefacto # 3 62
    Antes de la Construcción 63
Artefacto # 4 72
    Pensamientos de un mensaje: "he estado
    expuesto - ¿Quién soy yo? 73
Construyendo y Moldeando Fase II 82
    Paz 85
    La Roca Subyacente 93
    Jesús en el Centro 103
Artefacto # 5 112
    Espera 113

Dedicación y Posesión de Fase III.................. 116
    Señor Bendiga esta Casa........................ 117
    Donde Quiera que Vayas........................ 123
    La fe para Levantarse........................... 129

Artefacto # 6....................................... 132
    Aun así me Levanto............................. 133

Lecciones Aprendidas: Final de la Fase IV.................. 136
    Fue bueno que fui Humillada 139
    Dios lo Bloquea................................ 145
    Cómo encontrar su paz interior................... 149

Referencia... 151

Si Jehová no edifica la casa,
en vano trabajan los que la edifican;
si Jehová no guarda la ciudad,
en vano vela la guardia.
Salmos 127:1RVR

Si el Señor no construye la casa,
de nada sirve que trabajen los constructores;
Salmos 127:1DHH

Introducción

Pasamos por la vida trabajando duro para lograr una meta que no tiene nombre, cara, ni punto de origen, solo una meta. Nos han enseñado a través de la sociedad y en nuestras casas que debemos trabajar duro. Nos tenemos que asegurar que nos posicionemos para triunfar. El reto es lo que define el trabajo duro? Que define posicionarnos a triunfar? Ese ha sido un punto de fricción para mí porque la definición de trabajar duro y triunfar, no es constante para toda persona. Lo que parecía para nuestros padres puede no equivaler lo que le parece a mis hermanos, ni a mí para ustedes o sus hermanos.

Para mis padres, trabajar duro significaba horas largas, días largos y algunas veces tres trabajos para asegurarse que todo estaba en orden en la familia. Ellos modelaron el valor de tener mucho y apreciarlo y tener nada y apreciarlo aún más. Pablo dijo en Filipenses 4:11-13 *"No digo esto porque este necesitado, pues he aprendido a estar satisfecho en cualquier situación en que me encuentre. Se lo que es vivir en la pobreza y lo que es vivir en la abundancia. He aprendido a vivir en todas y cada una del as circunstancias, tanto a quedar saciado como a pasar hambre, a tener de sobra como a sufrir escasez. Todo lo puedo en Cristo que me fortalece"*. Ellos nos ensenaron a no emocionarnos sobre el dinero, riquezas o fama, porque tan pronto como lo consigue, también puede desaparecer. Ellos vieron el trabajo duro como algo intencional, teniendo una meta en mente: Hacer las horas con la esperanza de jubilarse en los días por venir. Hablare más de esto en el capítulo en nuestra jornada/ mi jornada.

Por definición, triunfar es lograr un objeto deseado o un resultado. Que significa eso? Si pones a cinco personas en una habitación y les pide una definición de la palabra triunfar, tal vez todos regurgiten la misma respuesta, pero ningunos o pocos, realmente serán capaces de dar una respuesta con aplicación práctica. Al crecer, mis padres la definieron como ser mejores de lo eran ellos, una tarea difícil de llevar. Más para mis padres en la sección de fundación. En ocasiones reflexiono y pienso que no es justo el tipo de padres que somos. Bendecidos de haber hecho un reto, al menos para mí; jamás sería capaz de llenar esos zapatos.

Tengo 44 años y me encuentro en un lugar de dilema, yuxtapuesta entre quien yo soy, y el propósito de Dios en mi vida y la fundación que me ha moldeado y sigue moldeándome. Me encuentro atrapada en un versículo repetido una y otra vez, pero ahora ha tomado significado en mi vida. He estado trabajando en vano? Está construyendo o ha construido Dios mi casa? La escritura de este libro viene al talón de la probablemente tormenta perfecta y más agotadora de mi vida. Si pudiera desaparecerme de la faz del mundo y no regresar, lo hiciera. Sin embargo la humildad de servir a Dios me ha condenado al entendimiento de que Él es el arquitecto y constructor, la fundación sobre la cual tengo que descansar. Yo inequívocamente no puedo avanzar, no puedo tomar otro paso en la vida o en el ministerio sin el aseguramiento confidente de que Dios ha establecido mi casa.

A través de la Conferencia de Pastores y Lideres conducido por mi padre espiritual lejano, obispo Td Jakes, he aprendido no solo a través de el; pero como los grandes, está la Pastora Paula White, "Tengo mi rebote" y Pastora Sheryl Brady "Lo tienes en ti" entre otros. Este libro y muchos más por venir es una reflexión del ministerio que ha sido sedentario por mucho tiempo y Dios me ha permitido pasar por pruebas, y créanme que no han terminado, pero descanso en Jesús, con el fin de compartir a mí misma con otras Terika's que necesitan estas palabras de aliento para recargar sus baterías y seguir adelante.

He sido bendecida por Dios a través de los años para servir en una variedad de capacidades y obtener múltiple licenciaturas. He servido como profesora, administradora escolar, entrenadora de atletismo, profesora de universidad, mentor y ahora pastora, entre otras cosas. Soy madre, hija, hermana y amiga. Mi jornada me ha dado exposición a gran parte de la vida que en este momento estoy detenida con determinación para construir significado, liberar el peso enterrado y permitir que el posicionamiento que Dios ha comenzado en mi vida me lleve al propósito en el cual me pusieron en esta tierra. En mi puesto actual como Pastora, mi hambre es ser más como Jesús, sabiendo que hay tanto que miran hacia mí, ellos miran hacia mi vida para guía de como extender sus alas espirituales y volar. Esto me ha causado ser intencional y determinada en mi servicio para el reino de Dios.

Estoy determinada a no ser la pastora quien se para y regurgita la escritura a un cuerpo que necesita aplicación. Estoy determinada, como Dios continuamente me revela a ser, transparente con la Palabra de Dios y permitir que la verdad del propósito a mi existencia sea reflejada donde quiera que valle. Estoy determinada a que Dios edificara mi "casa"; ese título, licencia, posición, o poder no tendrán impacto en el propósito de mi existencia. Una cosa que he aprendido es que la actitud que reflejamos, interna como la externa, dicta la influencia que tenemos sobre los demás. No tienes que ser arrogante para que otras personas se den cuenta de ti, se tú, ponte de pie y nunca dejes que otro piense de sí mismo más de lo que está en ti. La palabra de Dios dice "Mayor es aquel que está en nosotros que el que está en el mundo" dicho esto, Diablo sé que ahora tengo más de lo que tenía antes así que búscate otro árbol.

Antes de que pueda llevarte a mi revelación recién descubierta y como Dios está edificando mi casa y quiere edificar la tuya, permíteme compartir un poco de mi pasado. Procederé con precaución, sabiendo que mucho de esto será nuevo hasta para mis padres, los esqueletos en mi armario que suprimió mi voz por mucho tiempo hasta ahora. El primer capítulo, pensamientos Aleatorio antes de la tormenta, es el interior a mi laberintico en la búsqueda por respuestas a las preguntas habladas y no habladas.

La Tormenta Perfecta

Una vez vi una película que se titulaba La Tormenta Perfecta. Era una película que se trataba de unos pescadores ávidos que fueron en la búsqueda de ese lugar perfecto para una pesca perfecta. Ellos eran lo mejor de los mejores. Ellos eran excelentes en lo que hacían. Ya sea la pesca, dirigir un barco o estar en aguas turbulentas, ellos sabían lo que estaban haciendo cuando estaban en el mar al menos hasta que llego la tormenta perfecta. Los hombres se encontraron en el corazón de la tormenta perfecta. Las olas venían de toda las direcciones. Eran enormes; feroces y muy implacables. La mirada en sus ojos cuando sabían que no iban a salir de esta tormenta vivos. Uno por uno concedió a su destino. Uno por uno se separó. Uno por uno, quien estaba entre los mejores en lo que hacían, tenía que rendirse a una fuerza que era mayor que ellos. El propósito de la tormenta perfecta no es dejar sobrevivientes, solo bajas.

La cosa de la tormenta perfecta es que ataca en todas direcciones. No es el caso en que te ataca de una dirección, las sobrellevas y sigue preparada para el siguiente ataque. Tampoco es el caso donde te ataca de dos direcciones, un poco más difícil que una sola dirección, sin embargo es manejable con el tiempo y perseverancia. Con la tormenta perfecta, el reloj esta sincronizado. Puede ser comparado a estar en posición para correr una carrera esperando que el que comienza toque el pito. Cuando toquen el pito, cuando el reloj sincronizado tenga la hora destinada, todas las ruedas estarán en movimiento. Los soplos vienen del norte, del sur, el este y oeste todos al mismo tiempo. No hay escape. El objetivo atrapado en la tormenta no está en las afueras pero en el epicentro de la tormenta. Algunos llamarían el epicentro el ojo de la tormenta. En el 2014, yo me encontré en la tormenta perfecta. Cada área de mi vida estaba bajo ataque al mismo tiempo. Los signos de cada una de estas áreas estaban presentes. La acumulación fue evidente. Una y otra vez hubo anuncios, el meteorólogo de la vida seguía señalando que algo estaba por ocurrir. La atmosfera en mí vida, ya no estaba soleada. Cerca de un ano, yo viví en una nube gris. Revoloteando sobre mi vida, mi casa, ministerio, mis finanzas, mi salud, mi existencia, revoloteaba como si me quisiera consumir. Era un momento donde realmente no sabía qué dirección coger o a quien llamar para ayuda. Estaba entrando en una tormenta que tenía un comienzo antes de mi existencia y estaba por manifestarse de tal manera que yo no sabía cómo iba a salir de esta.

Yo he tenido tormentas en mi vida, tormentas como niña, tormentas como adolescente, y tormentas como mujer. He tenido tormentas por mi identidad y el propósito de mi existencia. He tenido tormentas en mi finanza, tenía un corazón amoroso y dadivoso sin embargo no podía dejar atrás mis días lluviosos. Recuerdo un día en la iglesia, un miércoles en la noche durante el estudio bíblico, yo compartí con los que estaban allá, que yo estaba determinada a romper el espíritu de pobreza. Yo ayune para romperlo, fue un ciclo que Dios me revelo, que no importaba cuánto dinero yo tuviera, no iba a continuar en el camino en donde me encontraba. Innumerables han sido bendecidos de mis bolsillos pero tenía poco que mostrar para mí. Estaba deplomada durante esta tormenta.

Fui atacada en el área interpersonal, personas que me rodeaban y se hicieron mis amistades, me dieron la espalda de una manera que me encontraba en un capullo. No estoy segura como entre ahí, pero yo sé que nada entra a un capullo y sale igual. Pero era una tormenta. No puedo decir que fue fácil. Perdí relaciones que me abrazaban, besaban y nos reíamos. Era verdad? La iglesia donde pastoreaba ya no era el sitio para ministrar y adorar. Fue un sitio en donde ahora entiendo que fue una matriz. Mi tormenta me arranco, me empujo fuera de la matriz en donde estaba por 5 años y ½. El proceso de dar a luz es doloroso y también esta separación. La tormenta para mí fue el impacto del saco amino abierto y vida saliendo a la luz, para nunca alimentarse o través de los recursos, de los nutrientes de su antiguo anfitrión.

Samuel no comenzó su jornada hasta que fue destetado de su madre Hannah y echado a su propósito. Estoy agradecida eternamente de los anfitriones que me cargaron, la iglesia que me dio a luz, yo no hubiera sido liberada a mi propósito si no hubiera un lugar de donde salir. La tormenta perfecta era en parte el subproducto de un posicionamiento divino donde el dolor en donde entraría estaba diseñado para cambiar por Dios. Tu nunca llegaras adonde Dios te quiere si permanece cómodo en un anfitrión que ya no tiene espacio para ti.

La tormenta perfecta vino después de un núcleo en mi casa. Mis finanzas no eran suficiente, mi ministerio, y mis relaciones. Ahora me doy cuenta porque mi casa estaba bocarriba. Aparentemente el amor estaba siendo arrancado de nuestra fibra. La harmonía de nuestra unidad que nos unió era una sombra y no había nada que yo pudiera hacer para hacerle frente, solo orar y aferrarme a las manos de Dios. Yo sabía que el amor estaba ahí pero la nube estaba gruesa. Era al punto en que por primera vez, yo interiorice las cosas tan grandemente que fue hospitalizada para observación. Yo no estaba hablando, yo no estaba liberando. La magnitud de esta tormenta perfecta literalmente sacudió la fundación de quien yo era y ya no sabía quién era yo. Al menos eso era lo que sentía en ese tiempo. Yo era la fuerte, todo me buscaban para que le diera dirección pero a quien buscaba yo. Pero Dios!

Esta tormenta perfecta en el 2014 me dirigió a una gran revelación de cosas escondidas, dolores pasados, dolores ocultos que me conecto a el porque de mi hoy. Había una necesidad de reflexionar, realmente reflexionar para que Dios pudiera hacer lo que estaba a punto de hacer en mi vida. De la única manera que yo iba a salir de esta tormenta perfecta viva era pasando por el proceso y dejando a Dios que sea Dios. Tuve un momento Job. Para mis lectores que no pueden entender un "momento de Job", me refiero al personaje bíblico llamado Job. Él era un hombre justo y honorable, que no hizo nada malo sin embargo, Dios permitió que Satanás le hiciera daño a todo lo que tenía, excepto quitarle la vida. Para más comprensión les animo a leer el Libro de Job en el Antiguo Testamento. Sentí que Dios le dio permiso a Satanás para que trabajara en mí. Sentí como que no había manera, sabiendo lo tanto que lo amo, que Dios permitiría que todo esto me pase a mí, a menos que el confiara que yo iba a salir de esto. Supongo que él se recordó de la canción que yo cantaba, "Lo amo demasiado para mirar así atrás ahora, Lo amo demasiado para romper mi promesa, le prometí al Señor que lo iba hacer de alguna manera. Lo amo demasiado para mirar así atrás ahora. Vino de mi corazón y el confió en mi palabra.

En este libro, mientras escribo, no pretendo tener todas las repuestas y tampoco es un manual de cómo. Esta es una oportunidad para compartir una carga y una palabra de aliento para todos lo que están leyendo y especialmente a cualquiera que esté en ministerio que se encuentra tratando de ser perfecto en un mundo imperfecto. Tú quieres hacer lo mejor para Dios sin embargo, te retan por todos lados. Esto no es para decir que los retos son malos. Eh aprendido y continuo aprendiendo que este llamado es realmente un camino poco transitado. Si estas en serio con Jesús, pasaras por el momento de trabajo. Crecerías por el camino o te darás por vencido. El conoce tu corazón pero y tú? Este libro es para los que como yo han sido llamados por Dios, para ser usado por El para Su gloria. Habiendo dicho esto, pasaras por el fuego, pasara por inundaciones, sobrellevara gran persecución y como Pablo dice "y habiendo echo todo, este firme"

Este libro es para el ministro que está dispuesto a ser suficiente, transparente con su congregación para permitir que no se refieran a nosotros como abstracto, pero palpable. Muchos se quieren sentar a la cabeza de la mesa pero nunca han visitado la cocina. Muchos quieren servir pero nunca han servido. La transparencia ha ayudado a que mi mensaje sea más real para los que escuchan. Ellos pueden ver que yo entiendo su dolor y me puedo relacionar con su dolor. **Excepto El Señor** nació de una tormenta perfecta que debió dejarme muerta pero en vez me de eso, me llevo a mi destino. Si Dios no es el constructor de nuestro ser, es decir de todo en nosotros, entonces nos posicionaremos a vivir en chozas que con el viento más ligero se desbarata. Yo no canto, "Yo sé quién soy, soy tuya y tú eres mío" porque es una canción. Yo sé quién soy, a traves de una tormenta perfecta pero se. Y tú?

Este libro es para los padres que podrían estar luchando con sus habilidades como padres. ¿Estoy haciendo bien? O, ¿qué estoy haciendo mal? Esta jornada me habló sobre el hecho de que habían áreas que tenían que ser cambiada, habían otras áreas en las cuales Dios estaba diciendo: "Esa parte me pertenece a mi." Es como si el escritor dijera: "Después de haber hecho todo lo posible, te pones de pie. "Como padres, es fácil sentirse como un fracaso. Mi reto, ya que he aprendido y lo que escribo es, ¿Lo ha hecho? ¿Ha fracasado? Al leer, ve si Dios no estaba permitiendo esta jornada para revelar algunas cosas e erradicar a los demás para que usted se pudiera ponerse de pie y con completo entrego Dios. Al leer, aprenda a arrojar y aprenda a celebrar. Deja que Dios construya!

Este libro es para la persona que no puede dar razón a su situación o circunstancia, su "ahora" no es un reflejo de donde quiere estar. ¿Por qué se siente incapaz de ir más allá de la barrera invisible que parece frustrar su progreso? ¿Por qué es tan difícil ser realmente feliz y contento? Que es lo que te mantiene cargado? ¿Cuál es "ese factor "? Usted no puede obtener la dirección que usted necesita aquí, pero usted se embarcará en un proceso, un camino que debe recorrer.

Pensamientos aleatorios antes de la tormenta: Febrero 21, 2014 10:31pm

Pensamientos aleatorios son solo eso, pensamientos que fluían de mi mente en el temprano 2014 cuando me encontraba en el viento de la tormenta que estaba por empezar. Estos fueron pensamientos que me llevaron a entender que tenía heridas escondidas y profundas que estaban intocables. En otras palabras, yo tenía heridas que estaban escondidas debajo en lo profundo de mi ser. Estas eran cosas que nunca fueron discutidas pero dejaron una cicatriz. Estas eran cosas que estaban contaminando mis pensamientos, mis acciones, mi actitud y, mi ministerio. Algunas veces la sociedad espera que tú como pastor camines en una línea de perfección injusta. Yo digo injusta, porque, al menos en mi caso, me sentía enterrada en sí misma. No había espacio para errores y peor, no había espacio para ser humana frente de los que tengo que pastorear. Tú tienes que tener todas las respuestas. Esta noche en particular me encontré cautivada en un mar de emociones. En realidad, esto era uno de los muchos a través de los anos pero el primer donde me sentí abrumada donde desapareciéndome era un pensamiento actualizándose. Empecé a escribir en un diario que me llevaba a mi infancia. No te puedes entrar en quien te va a convertir a menos que le dé frente a las tumbas debajo de tu concreto, las cosas ocultas.

Entrada de Artefacto #1

Es chistoso, toda mi vida tuve gran sueños de algo que no podía describir. No pude poner mis manos sobre eso. Yo sabía que era sonadora. Pasaba horas soñando despierta. Lo que da más miedo es que mi soñar despierta parecía real. Ese era mi escape de mi vida aburrida. Tenía responsabilidades. Yo cocinaba. Yo limpiaba. Iba a la escuela, e iba a la iglesia. Básicamente mi vida era una rutina que era una norma, una norma que ahora encuentro muy aburrida. Cómico, mi mama me decía que cuando era pequeña que era callada. Ella decía que yo le preocupaba porque yo era introvertida. No estoy segura cuando o a que edad ella se refería.

Lo que yo sabía era que mi pasado era silencioso, tan oculto que so no fuera por el amor de El Señor, no estoy segura que estuviera aquí ahora. De hecho, yo sé que no estaría aquí ahora. Estaría o debiera de estar pérdida, confundida, atrapada en una vida olvidada. Dios de que estoy hablando? Algunas veces no estoy segura. Pienso que mucho de esto está emergiendo ahora que estoy criando una joven de 19 años quien amo quien amo hasta las entrañas pero algunas veces me pregunto si la amo más de lo que ella pueda soportar o que le pueda ofrecer. No sé. Siento que le estoy haciendo lo que yo sé, criándola de la manera que me criaron, amándola abiertamente más de lo que yo recibí. Supongo que no quiero que ella luche, que sea cautivada en su pasado como yo lo fui. Yo declaro que aunque yo sé que hay tanto que no he dicho en voz alta, yo me niego a permitir que mi ayer me sostenga cautiva hoy. Me niego a permitir que los terrores de ayer me roben de las bendiciones de hoy. Supongo que eso es lo que le quiero enseñar. La miro y me veo a mí de muchas maneras. Cuando la miro, la única diferencia entre nosotras aparte de la edad es la lucha. No luche por amor: Yo no luche por alguien quien voluntariamente quiso compartir conmigo. Yo estaba más adulta antes de que mi madre me hiciera preguntas personales, de lo que me acuerdo, y no puedo dejar atrás a mi papa. Papa me amo "al estilo papa" a su manera. Era de una forma que no podía entender. Era duro. Me daba miedo algunas veces. Era serio. Yo sabía que él me amaba y todavía me ama pero nunca me mimo lo que yo pienso que necesitaba. Yo lo amo. Me encuentro ahora siendo padre y madre para mi hija, pero es difícil. Pienso que es difícil porque el tipo de amor que yo conozco no es el que yo pienso que ella quiere o necesita. Me duele porque trato de no ser la pastora con ella. Trato de no ser doctora Smith con ella. Yo solo trato de ser yo, pero como voy a ser yo si yo estoy tratando de averiguar quién soy. Me duele.

La pregunta que debo contestar es quien soy yo? A estado activamente preguntando esta pregunta desde los días de mi disertación cuando escribí un poema haciendo esa pregunta. Tengo que responder a esta pregunta porque entonces y solo entonces podría llegar a mi núcleo. Yo predico, enseño, soy madre, soy líder. Este no es mi núcleo. Yo amo a Dios. Él es mi centro y mi mundo. Entonces porque yo hago todo lo que hago? Me veo ayudando a personas. Me veo ayudando a muchas personas. Me veo conectándome con personas como yo. Pero quién soy? Quien rayos soy?

Cuando miro hacia tras, tengo mucho dolor, mucho de lo que no le dicho a nadie. Pero porque?

Siendo solo una niña pequeña y teniendo un hombre adulto sacarme de la casa, sin nadie saber y acariciarme. Me recuerdo, es claro como el día. Él era un soldado, me acuerdo que él era un hombre grande; cierto, yo era una niña y todo el mundo era grande en ese tiempo. Porque a mí? Porque él tuvo que tocar mi inocencia? Porque no se lo conté a nadie? Porque no grite? Supongo que pensé que estaba bien. No experimente dolor, además que hacia yo allí afuera? Solo era una niña.

Talvez tenía seis años y en la cama. Mi familia estaba ahí. Algunas personas estaban visitando. Era tiempo de acostarse. Estaba durmiendo y después sentí la presión. Que era eso? Porque había un adulto, encima de mí. No solo eso, el dolor, tenía el pánico pero no salía un ruido. Porque no? Talvez porque era alguien cerca de la familia? No tenía más de seis años. Eso estaba mal. Nunca se lo dije a nadie. Pero me dolió.

Pienso que tenía 8 años cuando caminaba asía la casa de la escuela y de la nada salió un Jeep del ejército que venía a toda velocidad en la calle. Me levante en el hospital. Me remendaron y me mandaron para la casa. Pero como no se dieron cuenta de la piedra. Era una piedra grande que estaba en mi lado. Me están relajando? La cicatriz todavía esta. Mi mama era mi héroe médico. Esa piedra, escondida debajo de mis pantis enterada en mi lado no tenía diferencia en la crueldad de ese hombre y el otro adulto.

Estaba dolida durante mi crecimiento. Ahora veo más el deseo de saber quién soy comenzó temprano en mi niñez y no entendía el porqué. Todo lo que tiene el valor de ser apreciado es tratado con cariño. Mi familia me amaba, mi familia me cuido. No sabían que estaba atormentada por dentro. Ellos no sabían que mi inocencia fue robada. Estaba mal. Supongo que hizo no solo ser un poco retirada sino también un rio fuerte y silencioso con el cual nadie se podía meter. No sé.

Me dolió venir a este país y ser mal entendida. Siendo gorda, fea, no era bienvenida y nadie me quería. Un día me llamaron mitad humana, bueno estaban correcto en ese tiempo porque mi experiencia como niña no era humana. La biblia dice cuando tu madre y tu padre te dejen El Señor me recogerá. Esto si era verdad. Mis padres nunca me dejaron, ellos solo no sabían dónde yo estaba y en la tormenta en donde me encontraba, pero Dios. Él fue el que me levanto y el que todavía me levanta hoy. Recuerdo cuando estaba en sexto grado, me llamaron mona y gorila y para entretenerlos yo hacía gruñidos y corría detrás de los niños. Esa no era yo pero me estaba convirtiendo en una diversión barata para los estudiantes de sexto grado insensibles.

Dolía estar en una escuela, escuela secundaria donde nos vestíamos de blanco y los niños te tiraban comida. Imagínate en la cafetería. Era suficiente difícil que nadie se quería sentar contigo pero que te tiraran comida, era difícil. Señor mientras me recuerdo las heridas están siendo rascadas, gracias por ayudarme.

Me dolió trabajar duro y porque no tenía credenciales ningún hombre con su título te mira y peor un hombre sin. Es una locura. Uno pensaría que un hermano quisiera una mujer inteligente pero todo lo que escuchaba era que yo era intimidante. Qué? Tú no puedes conmigo. Tú no tienes las fuerzas intestinales para amarme. Duele. Porque debo excusarme por la lucha que pase para prepararme y para los sitios donde Dios me ha llevado porque soy insegura. Diablo mentiroso. Duele.

Duele sentirse sola. Vivo en la casa con dos personas maravillosas; realmente la familia que Dios me ha dado. Los amos. Ellos me aman pero no hablamos. Hemos llegado a un lugar donde solo coexistimos en un lugar. Este mal. Mi ser se está estafando por dentro y la verdad, el pensamiento me cruzo por la mente le haría falta cuando me valla? Me extrañarían? Si cuando estoy aquí no le se dan mente uno al otro, tampoco a mí, que si yo no estuviera aquí. No piensen mal. Amo mi vida demasiado para hacer algo estúpido y hacer algo con ella. Como dice el obispo TD Jakes, si cualquiera dice que me quite la vida es mentira. Me voy cuando Dios, me lleve, punto. Pero me extrañarían? Duele.

Duele cuando la única amiga que pensé tener; mi hermana desapareció por un año entero. De verdad? Quien hace eso? Ella es mi hermana, mi amiga, y con quien pensé que podría hablar. No teniéndola a mi alrededor me hizo a que volviera a mi oyó. Tenía a mi chiquita a quien ya no le puedo decir chiquita, mi error, pero por lo menos podía hablar con ella sobre cosas tópicas. Wow, adonde está el amor? Duele.

Duele saber que no me estoy poniendo más joven y tengo tanto que dar pero no estoy segura adonde o quien dárselo. Quiero darle amor a un niño. Tengo a Karen pero ella me está alejando. No estoy segura que coja el camino de padre otra vez y ahora que. No me puedo imaginar comenzar de nuevo. No me puedo imaginar criando a otro niño, no sé. Ahora qué? Duele. No pienso que puedo tener hijos y además, tengo 43 años casi 44 en unos cuantos meses a quien estoy relajando. No estoy casada, no estoy segura cuando eso pasaría. Solo estoy esperando en Dios para otro día. Eso es todo lo que puedo hacer. Ahora qué? Duele. Recuerdo como niña como mi mama y mi hermana relajaban de como yo salvaría a personas, a quien salvo o mejor quien me rescataría? Esto es una locura. Esto duele. Ahora qué? Cuál es mi misión, cual es mi propósito, porque existo?

Cuando miro en el espejo de la vida veo definiciones asociada con títulos pero son quien yo seré o el subproducto de la realidad?

Soy pastora; tengo un cuerpo de creyentes de los cuales Dios me pedirá cuenta. Como hago eso? Sé que no lo puedo sola. Él me tiene que ayudar, y me tiene que dirigir. Me tiene que guiar, por todo el camino. Este es mi constante pedir, señor no puedo hacer esto, todo lo que representa. No lo puedo hacer sin ti. La cosa es que le digo a Dios que lo él valla hacer, que no lo haga sin mí. Bien, que tiene esto de malo? Soy suficiente valiente para decir que si porque confió en el pero una niña con miedo por dentro de no fallarle. En que me ha metido?

Dios me ha permitido hacer tanto, ver tanto, experimentar, tanto. Ha habido muchos tiempos buenos y muchos malos. Algo, algo que Él pueda usar para mí. Estoy muy lejos de donde yo estaba sin embargo sé que mi núcleo, el propósito de mi existencia esta aun por desarrollarse. Quiero que pase. Quiero ver lo que Él va hacer conmigo. Estoy preocupada por perder a mi mamà (Karen) y mi muchacho grande (sobrino) en el proceso. Se los pongos en las manos de Dios. Yo sé que se aman pero esta vez, no puedo hacerme cargos de ellos.

Los dolores de mi pecho se hacen realidad cada día más. No me gusta hablar de ellos pero son reales. Trato de no gritar, no forzar un problema y calmarme, confiando que Dios tiene el control mejor me siento. Sé que hay mucho que hacer y tengo que estar saludable para poderlo hacer.

Yo no pase por lo que pase como niña para no ayudar a alguien hoy, a alguien que su voz ha sido silenciosa o callada. No, yo no puedo sentarme con los brazos cruzados. Dios, cual es mi núcleo, el propósito de mi existencia, el porque me levanto por las mañanas?

Después de leer mis divagaciones me doy cuenta cuán lejos Dios me a traído. Como mencione anterior, la noche que divagaba, me encontré en un sitio de desesperación, tratando de entender por qué las cosas se están desarrollando se esta manera y conectarla en quien me estoy convirtiendo. Como pastora, tú no tienes todas las repuestas especialmente cuando acepta el hecho de que ha pasado por muchas y que esta sin fin en la rueda del alfarero. Si cualquier cosa, esta reflexión y otras por venir me ha ayudado en mi estado presente a parame más firme en propósito. Mi constante búsqueda está repleta de preguntas, pero todas las respuestas me llevan a un texto "solo el Señor construye la casa". Solo esto me ayuda no solo reflexionar pero también mirar así a delante mientras comparto mi jornada de sanidad con usted el lector.

Al mirar atrás, no estoy segura que hubiera llegado a este sitio si no hubiera sido por la tormenta perfecta. En la película, el mejor de los mejores tuvo que enfrentarse a eso que era mayor que ellos. Ellos habían entrado a territorio que no era de ellos y no iban a salir vivos. La diferencia, que esta tormenta por mí misma producirá el mismo destino. Sin embargo, le sirvo a Dios quien ES más grande. Yo entre en la tormenta por decisiones que tome y muchos tomaron por mí, sin embargo sirvió para revelar las raíces ocultas, remover las cargas pesadas y permitir que yo me enfrente al hoy con la tenacidad que nunca supe que tuve.

Compartí mis pensamientos aunque revelan mucho, espero que inspire a otros a confiar en Dios suficientemente para ser transparente con EL. Él ya nos conoce pero Él está esperando que nosotros nos soltemos a Él.

En el próximo capítulo, compartiré un poema que escribí a mediado del año 2000 mientras completaba mis estudios doctorales. Quien hubiera pensado que un poema escrito hace mucho iba ser tan pertinente a donde me encuentro en la vida hoy. Se ve a mostrar que nuestra búsqueda por propósito o búsqueda por entendimiento no es una explosión cerebral que pasa de noche a la mañana. Polonius, en Shakespear's <u>Hamlet Hamlet Acto 1, escena 3.78-82 dice lo siguiente:</u>

Esto sobre todo: A ti mismo se fiel
Y te seguirá, como la noche al día,
Tú no puedes entonces ser falso con ningún hombre.
A dios, mi temporada bendecida esto en ti!

Hay mucho que pasan por la vida predicando, enseñando y ganando reconocimiento por los logros de su hombre exterior mientras por dentro están perdidos, confundidos y deshonestos a sí mismo y a la sociedad. Ser transparente es ser vulnerable. Ser transparente es ser susceptible a la burla social. Esto yo sé, en el medio de la vulnerabilidad y la burla social, si es honesta con ti misma no hay una fuerza opuesta que te haga caer. El escrito en el Salmos 92:12-13 NKV dice:

12 Los buenos florecen como las palmas y crecen como los cedros del Líbano. 13 Están plantados en el templo del Señor; florecen en los atrios de nuestro Dios.

La convicción que tengo adentro es simplemente esto. He sido llamada para el llamado más noble en la vida, servir a Dios. Cuando El me llamo Él ya sabía adonde me iba a llevar, tenía que averígualo por mí misma. Dios, el Principio y Fin, ya está en mi línea final animándome a que camine así a Él. Escribo como una que ha pasado por una jornada a lo largo del continuo del llamado hacia el propósito de mi existencia, el propósito del llamado. Lo más honesta que soy con mi misma, lo más real es Dios conmigo, más la gente a la cual le puedo ministrar.

Esta jornada me continúa enseñándome que lo más honesta que yo soy con mi misma más oposición enfrentare pero arraigados y cimentados como la palmera que sus raíces se envuelven alrededor de la piedra, me doblare pero no me quebrantare. Le daré frente a oposiciones pero no me destruirán. Lo más real que soy con mi misma me levantare como el Ceder de Lebanon, alta y fuerte, intimidando a sus enemigos. Se cree que el Ceder de Lebanon creció 120 pies de altura y 30 pies en diámetros. Eso siendo el caso, para alcanzar esa altura y anchura toma tiempo. Lebanon se conoce por su clima áspero, tormentas de arena, humedad, lluvia, y temperaturas insoportables. Tomando eso en cuenta, como el Salmista nos compara con palmas y árboles de cedro de Lebanon, esto es una implicación de fuerza, resistencia, una fundación firme y propósito. En Mateo 7:24-27 NKV Jesús dice,

²⁴ Por tanto, todo el que me oye estas palabras y las pone en práctica es como un hombre prudente que construyó su casa sobre la roca.

²⁵ Cayeron las lluvias, crecieron los ríos, y soplaron los vientos y azotaron aquella casa; con todo, la casa no se derrumbó porque estaba cimentada sobre la roca.

²⁶ Pero todo el que me oye estas palabras y no las pone en práctica es como un hombre insensato que construyó su casa sobre la arena.

²⁷ Cayeron las lluvias, crecieron los ríos, y soplaron los vientos y azotaron aquella casa, y ésta se derrumbó, y grande fue su ruina.

Quiero creer que la fuerza del Árbol de Palma y el Árbol de Cedro de Lebanon descansa en la fundación donde está puesto, envuelto, y arraigado a la piedra. Cuando la tormenta de Lebanon venga, no se mueven, la palma tal vez se doble pero se vuelve a levantar despúes de la tormenta.

Entrada de Artefacto #2

Señor, hazme de nuevo

El embarcarme en esta jornada me ha ayudado a realizar lo que yo he estado buscando por un tiempo, que Dios me haga de nuevo pero no sabía cómo comenzar el proceso. Yo no sabía el camino. Me acuerdo mientras estaba en el programa doctoral, en unas de mis clases me toco escribir un poema de expresión mirando la jornada interna del hombre y como se relacionaba con mi propia historia de vida. Esto después sería mi disertación final en el programa. Mientras leía y re-leía el poema, esto realmente ha sido una pregunta antigua, quién soy?

Quién soy?
De Sullivan a Evanston
Tomé el tren, el autobús, Volkswagen de mi mamá
Ese día frío de octubre
Señor no permitas que los policías me paren oro
Oh no! Me echaron de la escuela
Debido a que actué como un tonto
Tratando de demostrarme valiente
Tomé la pistola fuera de la plataforma
Visite a mi amigo Grande Busta
Usted **sabe** que él es un ganguero
En el barrio es donde se quedaba
Déjame decirte cómo jugaron conmigo
Mi amiga Raven

Tenía un bollo en el horno
Le dije a la maestra
Me recuerda a un predicador
Pero ella se preocupaba lo suficiente
Ella no reveló mis cosas
Yo no estaba haciendo bien en la clase
Ella trabajó conmigo para que pasara
La escuela no era lugar para tontos
Dijo ella mientras se equipaba con las herramientas
Para tomar una decisión
Para vivir bien y tener la ambición
Un día en clase
Me habló de su pasado

Ella dijo
Cuando me fui a la universidad
Me encontré con muchas adversidades
En el aula
Y la sala de juegos

Ves
Nunca fui inteligente
Tampoco jugué la parte
De uno que sabía lo suficiente
Para hacer la pregunta
¿Qué va a mejorar mi progresión?
Mi enfoque se hizo más claro
La fecha de graduación se acercaba
En el mil novecientos noventa y tres
Era empleada por Palatine ves
Español era mi área principal
Pero me encontré en un aprieto

Cuando me di cuenta
Que yo estaba hipnotizada
Por la noción
De mi propósito y devoción
Para ser una maestra
No una predicadora
A quién le importaba mucho
Para encontrar un lugar
En la vida de cada niño
Mientras enfrentan conflictos
De este mundo en el que viven
Ellos siempre tienen que dar

Arriba
Hombre mujer niño
Todo lleno de orgullo
Uno negro una blanco
Durante el día o por la noche
La carrera ha comenzado
La carrera ha comenzado
¿Podemos sanar a los quebrantados de corazón?
Cuya raza o género intelecto
Los obliga a reflexionar
En el factor determinante
De su carácter

¿Quién soy yo?
A partir de la construcción en el vientre de mama
Para la deconstrucción en la tumba
Para la reconstrucción en las mentes de aquellos
Quien recuerde mi vida en prosa

La historia detrás de este poema fue la vida de uno de mis antiguos alumnos que se encontró en una situación difícil con su ex novia. Él confió en mí y compartió las luchas de estar en el barrio y la lucha por sobre vivir, con ganas de salir y sentirse atrapado. Cuando hablamos, me di cuenta que mi vida podría haber sido diferente, pero yo también estaba en el mismo dilema de quién era yo. Terminó con las tres garantías de nuestra existencia: nacido de un vientre, morir y ser enterrado en una tumba y ser evaluado constantemente en las mentes de aquellos que entraron en contacto contigo.

Mientras escribo, creo que el Espíritu Santo me lleva a volver a este punto interrogatorio. Sin saber que este día iba a llegar donde yo estaría escribiendo de manera transparente para mi público lector. Fuera de esa tormenta perfecta como se mencionó anteriormente, que el Señor me ha puesto en un viaje de auto-descubrimiento. Era prudente para El que yo supiera quién era para entender de quien mi misma. Era importante que yo entendiera el poder de mi herencia y sabe cómo usarlo. Muchas personas obtienen su herencia y la desperdician. No hay un valor añadido a la misma. Ellos no tienen que pagar un precio por ello. Mi herencia no es la riqueza material. No se puede comprar. La única manera de que realmente poder reclamarla es mediante la comprensión de mis derechos en la familia.

Dios habló a Israel por medio de Jeremías diciendo, en Jeremías 29: 10-11,

> [10] *Porque así dijo Jehová: Cuando en Babilonia se cumplan los setenta años, yo os visitaré y despertaré sobre vosotros mi buena palabra, para haceros volver a este lugar. 11 Porque yo sé los pensamientos que tengo acerca de vosotros, dice Jehová, pensamientos de paz y no de mal, para daros el fin que esperáis.*

Dios habló a Israel por medio de Jeremías y antes de decirles que tenía un plan para ellos y que era bueno y no lo malo, él les dijo que tendrían que pasar por algo. Este camino de auto-descubrimiento y el cuestionamiento, que he encontrado es mi "algo" que Dios tuvo que permitir que pase para que ahora pueda estar de pie y decir, aquí estoy Señor, me puedes mandar a donde quiera que vaya. Usted me puede utilizar como quieres usarme. Soy toda tuya. Dios le dijo a Jeremías que le dijeran, que iban a pasar primero por los 70 años de cautiverio y luego los sacare y les daré lo prometido.

El resto del libro se divide en fases: **Rompiendo Terrenos, Construyendo y Moldeando, Dedicación y Posesión**. Mientras escribo, el Señor me recuerda de la metamorfosis de la mariposa. **Romanos 12:2** *No os conforméis a este mundo, sino transformaos por medio de la renovación de vuestro entendimiento, para que comprobéis cuál es la buena voluntad de Dios, agradable y perfecta.* Es imposible que una mariposa tome vuelo sin sacrificio. La oruga tuvo que sacrificar su forma, estilo de vida e incluso la apariencia para hacer espacio a una nueva forma de vida. Si a Dios no se le permite construir nuestra casa seguiremos siendo orugas para toda la vida. Si estuviéramos cómodos en nuestro alrededor y cómodo en nuestro ambiente, tendríamos falta de voluntad para soportar el dolor del cambio para ver el potencial de nuestro propósito. No vamos a volar al menos que primero muramos. A medida que avancemos en este libro, comparto que mucho en mí tuvo que morir y cuántas personas deseosas de crecer en Cristo tendrán que morir si quieren volar.

Rompiendo Terreno Fase I

Vientre o la Tumba?

Una de mis películas favoritas de todos los tiempos es el Rey León. Probablemente piensa que porque soy una pastora me estaba metiendo muy hondo. La verdad es que realmente no estoy tan profundo. De hecho, mi convicción con este libro es que sea real. Voy a guardar la jerga intelectual para el próximo libro. Me encanta el Rey León porque retrata el ciclo de la vida, nacimiento - crecimiento - separación - restauración - nacimiento. Es un ciclo continuo. Simba pensó que podría abandonar el plan para su vida huyendo de su comunidad después de que él se sentía culpable de la muerte de su padre, Mufasa. Trató de tomar una nueva vida en un nuevo ambiente, hasta que el destino lo alcanzó. Tomó una visita, un recordatorio de quién era. Su máscara era una imagen pero no la realidad de quién era. Sus dos amigos ni siquiera sabían quién era él porque él trató de olvidar quién era. A veces vamos por la vida llevando una imagen, tratando de llevar una vida que no es lo que somos. Es como cuando usted confiesa a Jesús como su Señor, usted trata de hacer las cosas que sus amigos hacen, pero que nunca están en paz. Nunca cabe en el grupo. Usted es un inadaptado. Dios ha puesto barricada de control para que te proteja. Zimba, encontró a sí mismo tener que llegar a un acuerdo con quien era él y tomar la decisión más importante de su vida. Él volvería a casa, hacerles frente a sus demonios y defender su destino. Se convertiría en el rey de la Tierra de Orgullo, caminando en los zapatos de Mufasa.

El útero es un lugar donde la historia comienza y donde se perpetúa la historia. Dentro del vientre una nueva vida se forma y se incuba y fuera de ella se dio a luz una nueva vida, el ciclo continúa. Los antropólogos tienen dificultades para ponerse de acuerdo sobre una definición de la cultura, sin embargo, lo que es consistente es que la cultura no es algo que se nace, pero lo que se aprende en el camino. Por tanto, nuestra fundación se adquiere como resultado de nuestra exposición.

En el 1920 la historia salió de dos niñas que estaban siendo criadas por lobos.

"Uno de los casos más bien documentados de niños criados por animales salvajes es la de Kamala y Amala, más conocido como los" niños lobos". Descubierto en 1920 en las selvas de Godamuri, India, las niñas, 3 y aproximadamente 8 años de edad, habían estado viviendo con una loba y sus criaturas. No se sabe si las chicas eran de la misma familia, pero el hombre que encontró a las chicas, el Reverendo JAL Singh, los llevó de vuelta a su orfanato, donde intentó ayudarlas a que se acostumbraran a su ambiente. Mientras que las chicas hicieron algunos progresos a través de los años, las dos eventualmente descendieron con enfermedades mortales, dejando el reverendo a preguntarse "si lo que hubo que hacer fue dejar a estas niñas en la naturaleza, donde las encontró".

Es difícil arrancar a alguien fuera de un ambiente en el que han estado toda su vida y darles a conocer uno nuevo sin esperar las reacciones adversas de tipo.

Crecí en un hogar lleno de amor. Tuve padres y otros tres hermanos, una hermana que es la mayor, un hermano mayor y un hermano menor. Ahora son adultos y casados. Cada uno les ha dado a mis padres dos nietos por un total de seis. Yo soy la única que aún no está casada pero Dios me ha bendecido con mi cascanueces, Karen. Mis padres con orgullo celebran sus siete nietos. Estoy agradecida. Mis padres, que ahora están pastoreando una iglesia en Florida, mi padre un obispo y madre de reverenda, han llegado a un lugar en sus vidas en donde han cogido un segundo aliento y están sirviendo a Dios con un fuego y celo como nunca antes había visto. Nuestras vidas no era así creciendo.

Cuando era niña, yo estaba muy tranquila. Yo no hablaba mucho, pero como has aprendido, experimenté mucho. Ya sea que era la razón de mi etapa tranquila, no puedo decir. Lo que puedo decir ahora es como padre; Puedo ver donde tenía una lista de deseos de mis padres pude, entonces tal vez(pg. 38). Si pudiera haber participado en algunas de las preguntas de la vida, entonces quizás yo habría tenido una mejor autoestima. Si hubiera oído más un te amo mientras crecía, tal vez no lo anhelaría tanto como lo hago hoy. No malinterpretes; No me arrepiento sinceramente porque sólo se estaba formando en el plan perfecto de Dios. Mi infancia estaba llena de muchos momentos felices. Mis padres nos expusieron a la vida preparándonos para navegar en cualquier círculo sin ser "asustados" (que significa perder nuestra mente porque son humanos como nosotros) cuando estemos rodeado por la gente en posición. La escritura que resume mis primeros años con mis padres es como dice el apóstol Pablo en Filipenses 4: 12-13 *"Sé vivir humildemente, y sé tener abundancia; en todo y por todo estoy enseñado, así para estar saciado como para tener hambre, así para tener abundancia como para padecer necesidad. Todo lo puedo en Cristo que me fortalece".* En Jamaica, mi padre era un muy alto funcionario de la Fuerza de Defensa de Jamaica, así que eran una familia que fue expuesta a la vida. Fuimos bendecidos. Sí la disciplina era estricta. Crecimos bajo manos muy pesadas; una mirada era todo lo que necesitábamos. Nos enseñaron disciplina doble. Si la familia civil fue bien disciplinada, los hijos del Sargento Mayor de Regimiento, Smith tenían que ser más disciplinado y bien educado. Sí, era el amor, duro y perfecto, que sabían cómo.

Más tarde me refiero a la forma en que estaba criando a mi cascanueces y realizar que mi odre no podría convertirse en la de ella. En Jamaica, yo era la hija de un oficial militar de alto rango. Aquí en los Estados Unidos, que era la hija de un ex alto funcionario militar clasificado ahora como guardia de seguridad y técnico. Nuestro posicionamiento geográfico cambió pero no impidió a nuestros padres la continua exposición de la vida. La diferencia, sin embargo, era que teníamos que empezar a aprender un nuevo idioma. Todavía hablaba Inglés, pero la cultura americana tenía un sistema de lenguaje que si no tiene cuidado podía provocar la pérdida de la persona que te ibas a dejar en su país. En mi caso, paso de varias maneras. Me convertí incluso más reservada, no tenía muchos amigos y acepte tratamiento que nunca habría sido tolerable en Jamaica. Fue un cambio, pero gracias a Dios por mis padres, que nunca nos liberaron a nuestros temores, pero nos expusieron a nuestro potencial.

De mi madre, soy tierna y amorosa. También estoy un poco confiada, siempre con la esperanza de que incluso la persona más malvada y descaradas pudieran cambiar. Tenemos un amor más paciente en el Señor y su misericordia. De mi padre, soy agresivamente fuerte. Yo puedo poner mi mano con fuerza y adherirme a ella. Yo soy un testimonio vivo para todos aquellos que están tratando de deshacerse de algunos rasgos generacionales, si oras y pides a Dios que lo elimines, lo hará. He visto a Dios eliminar algunos de los rasgos de mi padre de mí porque yo he orado. He captado a mí misma a querer darle a una persona una nueva vida cuando me doy cuenta de que se están aprovechando de mí. Ahora tengo la reacción de mi mamá. Yo ruego por ellos y les muestro un amor que a veces puede llegar a ser confuso porque debería estar ayudándolo a su ataúd.

Lo que pasa con el vientre es que es un lugar, como he mencionado antes para la incubación de vida, pero llega un momento en la vida que el que está dentro debe salir. Este es el momento en que la vida se ha sobrepasado su bienvenida. Es mayor de edad. El propósito de estar allí para crecer extremidades, órganos, y la eventual independencia se ha trasladado a otro plano y alguien tiene que salir. Una madre que está embarazada tendrá que liberar al bebé o la vida de ella y él bebe será comprometida. He aprendido en la vida que este escenario no es sólo para la matriz natural de una madre. Una persona puede pasar por las mismas experiencias, en el trabajo o en el hogar. A partir de la casa, ya que sus hijos se hacen mayores, sus actitudes y comportamiento son la demostración de que el medio ambiente y las normas que una vez los guio ya no le afectan. Es tiempo para que pasen a un ambiente diferente para la siguiente fase de su vida. Los desafíos en el hogar y la tensión en las relaciones no son a causa del amor perdido, pero el espacio expirado. El espacio era ideal para el cultivo, pero no suficiente para el desplazamiento. Fue bueno para el gateo pero no es adecuado para caminar y luego correr.

En el trabajo, nos encontramos que la jornada del niño en casa es la que acabamos de describir anteriormente. Llegamos a un punto en nuestra carrera donde no podemos más. No hay más potencial de crecimiento. Algunos se quedan por miedo al cambio y otros por el control. El cambio puede significar un nuevo aprendizaje y nuevo ambiente y con la edad y cambio generacional de los bebés de la tecnología, aquellos que no crecieron con la programación de computadora tal vez sean intimidados. Por otra parte es posible que tenga a los que aman el control de poder dominar el área en donde se encuentran y no querer ser conducido por otras personas con mayor conocimiento y en algunos casos más modernos. Estas son las personas que aman su recién estatus, no crean olas. El reto con ellos si no se arreglan es que el ambiente se desplazará a su alrededor y pueden encontrarse en el medio de la descomposición. Para estos, el útero es una tumba. No es hasta que algo o alguien intervengan que se dan cuenta de que su punto de partida era la incubación y no un lugar de habitación. Algo tiene que abrir los ojos para comprender que no fueron asignados ahí para quedarse, era el camino hacia el fin de su misión terrenal.

Mientras consideraba el cambio de la matriz a la tumba, teniendo en contexto el texto que está impulsando este trabajo, me doy cuenta cada día que a veces Dios tiene que ponerte en un lugar para que usted vea lo que se ha enterrado, las raíces que están obstaculizando su potencial. Él usa ese lugar, ese ambiente para señalar las cosas que de otra manera deja pasar por alto y desatar las cosas que se aferran a. A veces queremos nacer, pero no dejar de lado el cordón umbilical, pero la única manera de separar su pasado de su futuro es cortar la cuerda, eso es doloroso. Dios me estaba mostrando que usted podría ser construido y reconstruido en el mismo ambiente a causa de su falta de voluntad para separar, dar un paso de fe, da el paso. Cuando nos fijamos en una semilla, es el vientre del árbol y el potencial de la fruta dentro, pero si no la entierras, cambia su ambiente, podrá alcanzar su potencial de abrirse para liberar lo que está dentro de ella. A medida que avanzamos, puedo compartir cómo Dios tuvo que tomar esta semilla fuera del ambiente que estaba en posición y con el fin de liberar el potencial que tenía. Donde era necesario, pero nunca fue la intención de ser permanente.

Rompiendo Terreno

Génesis 2:7 *"Entonces el Señor Dios formó al hombre del polvo de la tierra, y sopló en su nariz aliento de vida, y fue el hombre un ser viviente."*

Me gustaría pensar que en la vida pasamos por muchas fases de romper terreno. Momentos en nuestras vidas en que un cambio se produce haciendo que el suelo bajo nuestros pies, se mueva. En algunos casos puede ser de un simple temblor mientras que en otros, se trata de un cambio radical en el que todo lo que sea posible podría abrazarte hasta desaparecer y desintegrarse.

La tierra tembló debajo de mí mientras me hice la transición a las escuelas públicas de los Estados Unidos. Era tan diferente a Jamaica. En Jamaica teníamos uniformes, todo el mundo hablaba de la misma manera y nadie juzgaba, al menos era lo que yo sentía. Cuando uno está en el sexto grado en este país, todo se ve diferente. Mi mentalidad era también diferente porque en Jamaica había pasado el examen de ingreso común y estaba lista para la escuela secundaria a la temprana edad de 10. Fue un choque luego de dejar todo al llegar a un país de la ilusión sólo para encontrarse con que las calles no estaban pavimentadas de oro. Todo el mundo no se parecía tampoco sonaban igual. La peor parte fue saber que los que eran de Jamaica se formaban una gran parte de los que me rechazaban. La transición fue difícil y aisladora.

He visto a lo largo de los años cómo esta experiencia ayudó a moldear mi punto de vista con relación a como interactuaba con los inmigrantes. Ahora veo mi deseo innato para rescatar a los rechazados. A veces es en mis reflexiones que gano fuerza para enfrentar los momentos difíciles a mi frente. Tengo un momento donde miro por encima de mi hombro, un momento donde pienso las cosas y me doy cuenta de que lo bueno sobrepasa lo malo. No me puedo quejar, no voy a quejarme. Me tomó un tiempo para llegar aquí. Sin embargo, cuando usted ha pasado por tantos cambios como los que he experimentado y ha visto cómo Dios me ha mantenido de pie yo realmente no puedo quejarme. Señor gracias por los temblores y gracias por que la tierra se cayó a pedazos, no voy a quejarme. Gracias.

El romper terreno que ocurrió en mi vida en la noche del 22 de septiembre 2014 no tenía precedentes. Fue un terremoto como el momento en que en otro día, en otra temporada de mi vida, habría resultado en víctimas, incluyéndome a mí misma. La Biblia dice en 1 Pedro 5:10 "Y el Dios de toda gracia, que nos llamó a su gloria eterna en Jesucristo, después que hayáis padecido un poco de tiempo, él mismo os restaurará y los hará fuertes, firmes y constantes." En mis divagaciones anteriores, tengo una pequeña porción de los desafíos que he enfrentado en la vida, que Dios me ha permitido soportar todo en la preparación para el lugar adonde ahora me encuentro. Para tener una idea del tipo de cambio al cual me refiero, hago referencia al Gran Terremoto de Chile en 1960, Chile experimentó el terremoto más poderoso registrado en la historia. Vino de 9,5 en la escala de Richter y duró aproximadamente 10 minutos. El resultado de este terremoto que sólo duró 10 minutos tuvo un efecto tsunami que "el sur de Chile, Hawái, Japón, Filipinas, el este de Nueva Zelanda, el sudeste de Australia y las Islas Aleutianas." 10 minutos dio como resultado la muerte en casi 6k y más de $6 mil millones de dólares en la reparación.

El 22 de septiembre de 2014, la claridad de mi propósito de llegar a MA se hizo aún más clara. Este fue el día en que dejé de ser la pastora principal de la iglesia que me incubó durante 5 años y 1/2. Si eso es; era el vientre en el que Dios me puso para que pudiera convertirme en la comprensión de mi propósito y mi llamado. Alabado Sea Dios! Es ahora cuando escribo que la claridad del llamado ha llegado. Pastor Paula White lo llama "el llamado de atención". Vamos a empezar desde el principio.

Mi jornada hacia mi propósito se aceleró durante el verano de 2006, cuando llegue a Boston, MA para una segunda entrevista para el puesto de Directora de la Escuela Superior Internacional en Lawrence, MA. Me desempeñé como directora por 4 años y medio a un maravilloso equipo de maestros, administradores y la mayoría de todos mis bebés, los alumnos del INT. Nunca olvidaré mis bebés. Hoy en día los veo en las calles, en las tiendas, y a veces en la iglesia, y aunque he olvidado un montón de nombres, las caras están en mi corazón. Cuando me mudé a Lawrence, MA, sabía que una de las claves esenciales para mí habría sido identificar una iglesia, un lugar para adorar. Servir a Dios siempre fue importante para mí. Mi compromiso personal con Dios nunca estaba a punto de asistir a un edificio, pero encontrar un lugar para adorarlo y con un cuerpo de personas que lo amaba. En mi búsqueda, visité tres iglesias, el tercero se convertiría en mi hogar y, finalmente, la que yo pastoree por 5 años y medio, hablare de eso más adelante. Entonces qué paso? Cuando ha servido a Dios toda tu vida adulta y un poco de tu vida como joven, experimentas mucho. Usted obtiene un entendimiento acerca de la gente, la Palabra de Dios, la persona del Espíritu Santo, y el amor de Dios a través del sacrificio de su hijo Jesucristo. Ahora lo que se hace con esa información tiene que ver con cómo se han aplicado las lecciones aprendidas a lo largo del camino. Yo solía decir mi ser en MA, fue con Abraham en la naturaleza. Abraham junto con su esposa dejó todo lo que tenía, todo lo que sabían y emprendieron un viaje que fue dirigido por Dios. Se embarcó en una caminata de fe que no tenía precedentes. Él confió en Dios.

Cuando me fui de Illinois para comenzar una nueva vida en MA, entendí que yo estaría sola, aunque yo no sabía lo que eso parecía. Yo, literalmente, deje a mi padre, madre, hermanos, familia, todo lo que yo sabía y me mudé a un lugar al que sólo había estado una vez para una entrevista de trabajo. Tuve paz sabiendo que Dios fue quien me contrató y que él se haría cargo de mí. Supongo que siempre fui rara, yo sabía que mi todo estaba en las manos de Dios, así que no estaba cautivada por ningún hombre, posición o título que trataría de intimidarme para que piense que podría tomar una decisión sobre mí en cualquier momento. Me mantuve cerca de la historia de Job, donde como un hombre de Dios, Satanás no podía tocarlo a menos que Dios lo permita. Supe entonces y ahora que soy una mujer de Dios, y que ninguna arma forjada contra mí ayer, hoy o mañana prosperara mientras Dios este de mi lado. Alabado Sea Dios!

Hice lo que sabía desde hace tres años y entonces sucedió. Después de tratar de ocupar el puesto de pastora principal de la iglesia donde yo asistí, todos los ojos se volvieron hacia mí. Servir a Dios, siempre me asustaba el hecho de saber que mí a contabilidad era a Él. En pocas palabras, no le temo a hombre, pero estoy aterrorizada de Dios, en el buen sentido. ¿Le gustaría tener a Dios como su jefe? Nunca pude entender la gente que juega en el púlpito porque en mi mente yo pienso, ¿sabes quién es tu jefe? Quiero decir, todo lo que el necesita es una palabra. Dios tiene una manera de hablar a la gente sin pedir su permiso. Gracias Señor. El Señor había hablado de una manera tan poderosa que cuando llegó el momento para mí de ser la introducida a la iglesia, había confirmación de todos los niveles. ¿Alguna vez has estado tan asustada, que si tenía una idea de repente se te fue? Lloré, lloré y lloré. Yo sabía que era Dios! Puedo jugar con muchos pero no con Dios. Llamé a mis padres y su respuesta simplemente me hizo temblar aún más. Creo que fue mi padre quien primero contestó, la primera respuesta fue "servir a Dios era el más alto de los llamados que podríamos tener". Yo había terminado. Yo tenía dos licenciaturas, un MA, un Ed.D y un par de certificados, nada de eso importaba ya. Me había convertido en un embrión en un útero que me llevaría a 5 años y medio.

¿Qué haces cuando eres un consumado profesional haciendo lo que cree que ha sido llamado a hacer sólo para encontrar que un día, una decisión puede cambiar todo tus pensamientos? ¿Qué hace usted cuando 10 minutos puede costar más de $6 mil millones de dólares como lo hizo Chile? ¿Qué hace cuando la cosa a la cual te llamaron exige más de lo que existe y no hay escuela que te pueda preparar para lo que está a punto de ocurrir? ¿Qué haces cuando la mejor parte es que la cultura es 180 grados diferente a la suya? Me encontré pastoreando una cultura principalmente dominicana y Puertorriqueña. Había otras culturas, pero la único que parecía o sonaba como yo inicialmente era yo. A qué te dedicas? Dios, ¿qué estás haciendo? ¿Qué sabe usted de mí que no sé? Me encontré en un útero que me incubaría y prepararía para la siguiente fase de mi vida de una manera que no podía entender. La guinda del pastel esta en mi segundo año, conocí a una joven que no sólo me pidió que fuera su madrina cuando cumplió 15 años, pero en el plan de Dios me convertiría en su madre. Mi "cascanueces" como cariñosamente la llamaba entraría en mi vientre como si estuviera en un útero. Dios tu eres chistoso!

Vientre dentro del vientre

Era el 3 de enero 2011, mientras estaba en la oficina en la iglesia, cuando Karen; "Cascanueces" entró con su madre, su abuela y su hermano. Esto fue seguido de una reunión anterior en que la decisión para el futuro de Karen sería que ella viviría con su madre y asistiría a la escuela en otro distrito. Me ha sorprendido, asustado y emocionado, todo en uno, ya que la visita cambió mi vida, otro cambio. Me convertiría en la madre legal de Karen, a partir de ese momento ella viviría conmigo, yo la llevaría a inscribirse en la escuela, ¡Ay, yo era una madres. Realmente Dios, ¿hablas en serio? Yo estaba en un vientre de incubación con un propósito y ahora me estaba convirtiendo en un útero para mi cascanueces. Me desperté sola y sin hijos y me fui a la cama una madre soltera de una increíble, hija de 16 años de edad que cambio mi vida. ¿He mencionado que ella es puertorriqueña?

La llevé a la Conferencia de mujer Estas Libre donde el Obispo predicó de la ley del más fuerte. No razonaba con ninguna de nosotras en ese tiempo, pero se convirtió parte de mí unos años más tarde. Esa predica me ayudó a entender el concepto de la matriz, el escondite. Yo le he dicho, más recientemente, que ahora entiendo que soy su Rahab, estratégicamente posicionada en su vida para ser el guardián de su unción y ella la protectora de la mía. Mi posición en su vida ha servido de muchas maneras como una catapulta de mí deseo de entender la palabra de Dios aún más. Me imagino que si he de ser la sierva de Dios que estoy llamada a ser, la madre que me ha llamado a ser, entonces debo al menos tratar de entender el corazón de quien me ha llamado. Wow!

En un momento, me mudé de Principal a Pastora. En otro momento cambio de vivir sola a la crianza de mi hija. Dios había comenzado una obra en mí desde el momento que le dije que sí, que yo no podía entender, pero ahora estoy poniendo las piezas juntas. Recuerdo cuando trataba de preparar un sermón en el último año antes del terremoto de mi vida y me pareció casi imposible. El texto era simple, Salmos 127: 1, el título de este libro: Si el Señor. No pude contestar lo que eso significaba. No podía explicar lo que parecía ser un texto tan lógico cuando me sentí como si todo lo que estaba a mí alrededor no tenía sentido. Cinco años han pasado desde que le dije que sí a guiar al pueblo de Dios. Tres años han pasado desde que me convertí en un padre sin embargo, yo estaba luchando con un simple verso. Si el Señor no construye la casa, el trabajo constructores en vano. Si el Señor no cuida la ciudad, los guardias vigilan en vano".

Jekalyn Carr canta la canción Mayor está por Venir y ella comienza a afirmar lo siguiente:

Una aceituna tiene que pasar por tres etapas, para que su aceite corra:
Tiene que pasar por el temblor, la paliza, y el prensado
Y al igual que el de oliva, algunos de ustedes pueden haber sentido como usted pasa por el temblor, la golpiza y el prensado.
Usted pasó por todo eso por su aceite fluya
Ahora, mayor está por venir...

Las palabras de este cántico han ministrado en una gran forma, mientras voy por la jornada difícil de mi vida. La claridad es simplemente que si quiero llegar a ser un transportador de la unción, si quiero ser el recipiente a través del cual el aceite del todopoderoso fluirá entonces debo pasar por el "zarandeo, la paliza, y el prensado." Wow! Jesús dijo a Pedro: "Simón, Simón, Satanás os ha pedido para que seas zarandeado (sacuda usted) como el trigo, pero yo he rogado por ti, y cuando estés fuerte, confirma a tus hermanos." Si alguna vez o si quiero ser capaz para fortalecer a nuestros hermanos, nuestro vecino, nuestro amigo, tendremos que dejar que Dios nos lleve a través de este proceso. Las pruebas no serán porque Satanás ha ganado sino porque Dios tiene un plan. Jesús ya ha orado por nosotros. Todo lo que tenemos que hacer es estar en medio de la tormenta.

Mientras escrito este libro, el Señor me reveló el valor de las herramientas utilizadas en la fracción de la tierra. Prediqué un sermón: "No resientas las herramientas". Compartí que "A medida que Dios te prepara para llevarte a tu propósito, posicionándote para tu destino no deje que tu enfoque este en el Tiro (aquellos que están riendo de ti, hablando mal de ti, odiándote), sino más bien ten cuanta de las herramientas que Dios ha enviado y permítele terminar el trabajo que empezó. "Lo que pude ver con mayor claridad es que somos fácilmente distraídos por lo que es. Dios me permitió entender lo obvio, mientras rompía terreno; el terreno que nos rodea y perder de vista del destino que nos rodea, Pedro no tiene el control de las herramientas. ¿Alguna vez has visto al suelo subir y aferrarse a las herramientas? ¿Alguna vez has visto el suelo guiando las herramientas, diciéndole dónde golpear, lo difícil de golpear, lo que es de golpear y lo que no es para golpear? "No se trata de ver cuánto puede soportar antes de no decir más. El romper terreno es realizado por el trabajador de la construcción / constructor". Si Dios está trabajando en nosotros y cumple su plan en nosotros, tenemos que quitar nuestras manos de las herramientas.

Excepto el Señor no construye antes de primero romper la tierra. La planta es indicativa de tu existencia, tu ego y tu orgullo. El suelo es un indicador de tu salud, la familia y ministerio. No es de determinar, yo no me determino por el suelo, pero si Dios va a trabajar en cada uno de nosotros, tiene que romper lo que tiene el potencial de crear un ataque coronario en nuestro crecimiento para que pueda exponerlo y erradicarlo.

Dios es tan impresionante que en el proceso de escribir este libro, había trabajo que hacer fuera en la ciudad, donde tuvo que abrirse la acera enfrente de mi casa con el fin de desviar una tubería. Vi cómo se rompieron el suelo, eliminaron las grandes piezas de hormigón con el fin de exponer la suciedad. El trabajo no estaba completo, sólo estaba empezando. Uno podría pensar que con el concreto visto ahora serían capaces de limpiar el polvo y comenzar el cambio de la ruta de la tubería. Lo más sucio que ellos eliminaban más el tronco del viejo árbol que estaba allí fue expuesto. Con el concreto encima, había una subida notable pero había problema. Pero una vez que se expuso, se convirtió en un problema. Los trabajadores no pudieron completar su trabajo hasta que el viejo tronco y todas sus raíces fueron removidos.

Pasaron más tiempo trabajando en todos los lados del viejo tronco hasta que finalmente pudieron quitar el tronco, las raíces y todo a su alrededor. El Señor me mostró que cuando rompe terreno en nuestras vidas es un proceso. Habrá momentos en los que estará expuesto un viejo tronco con raíces en nuestras vidas y la única manera que pueden seguir es mediante la eliminación del tronco. Dolería, sufriríamos un tiempo, pero después de eso vamos a encontrar la alegría y la paz. Uno de mis mentores una vez compartió conmigo, cuando Dios toma la escoba y barre las cosas por la puerta no vuelvas atrás a recogerlo. Mientras observaba el proceso, estaba claro en mi espíritu, cuando Dios empieza a mover a la gente o los accesorios de su vida, lo que barre no trate de recogerlo de nuevo. Aquí es donde caminamos con el autor de hebreos que dice, "¿Qué es la fe? Es la garantía de la confianza de que lo que se espera que vaya a suceder. . Es la convicción de lo que aún no podemos ver "Hebreos 11: 1.

Como hijo de Dios, quien quiere caminar en su plan para nuestras vidas, tenemos que llegar a un lugar de la entrega, donde decimos bien, Señor, tú eres el constructor. Estoy dolida, es difícil, pero confío en ti. Confío en que, incluso cuando el dolor es demasiado difícil de pronunciar la palabra confianza, yo todavía confío en ti. Se hizo más claro para mí que lo que hace el proceso tan doloroso es que cuando las manos están fuera usted no tiene control. Esto no es bueno para los fanáticos del control. Las personas que no pueden liberar o dejar ir nunca puede llegar a donde Dios quiere totalmente llevarlos porque están demasiado ocupados siendo Dios. Si Dios es el constructor luego se determinará la ubicación, en donde él quiere que usted trabaje, viva y ministre. Él ya ha establecido su posición; de hecho, se estableció antes de que fueras. Antes de la fundación de este mundo, como Jeremías, Dios te conocía y te estableció. Si nos aferramos a que podemos llegar a ser más receptivos a la intensidad del golpe, la profundidad de la excavación para luego apreciar la altura de su posicionamiento en nosotros. Él ha establecido el plan total para nuestras vidas. ¿Vamos a confiar en él lo suficiente? Si él no construye, todo lo que hacemos será en vano.

Dios me mostró cómo los trabajadores utilizan las herramientas; una sierra, una pala, una máquina que se utiliza como un hacha para romper las losas del concreto, y otro que no pude identificar. Las herramientas, sin embargo, me sacaron a la referencia que usé en mi mensaje; el pico, la pala, la azada y la horca. Cada instrumento tiene un propósito.

El pico para romper terreno y tirar hacia arriba de la losa de concreto que se está rompiendo. Es el primer golpe por lo que es el más doloroso, el golpe que viene inesperado. Es fuerte y directo. Es un golpe que rompe los lazos instante. Es la historia de los mejores amigos que han vivido una vida y a las niñas que hacen todo juntas hasta que la tragedia golpea, enfermedad terminal. Un amigo se sienta sosteniendo la mano de su amiga de toda la vida, ya que deja poco a poco este mundo. ¿O es el golpe de un día usted se está aferrando a su marido y debido a un malentendido, que es arrancado de su lado. Él está encarcelado y luego deportado, desaparecido durante 11 años y finalmente indultado a regresar libremente a los EE.UU. como fue la historia real de una de mis pastores. El golpe podría ser trágico física o mentalmente. Podría ser la primera vez que alguien insulta a su apariencia, estáis llamados mitad humano, y es algo que nunca salió de sus pensamientos. Durante años usted cree que usted es hasta que te das cuenta cosas que se dicen en la ira no siempre son aplicables pero el golpe de él si usted no tiene cuidado puede dañar la imagen de las personas. El golpe de la piqueta separa lo que era. Te encuentra en una nueva norma que toma forma no inmediatamente pero durante un período de tiempo. Ahí es donde Dios entra, va a permitirle continuar el trabajo que ha comenzado o se haga cargo desde aquí. ¿Será como la persona que dice, gracias, puedo hacerme cargo desde aquí?

He mencionado antes que yo estaba en un útero durante 5 años y medio y ahora es que yo entiendo por qué algunas de las cosas que estaban ocurriendo a mí alrededor se llevaron a cabo. Aquello sirve propósito para otro libro. Lo que quiero centrarme en es las dos veces más recientemente que el hacha cayó sobre mí como un rayo. La primera es cuando me di cuenta de que mi hija ya no era una adolescente. Ella estaba en un lugar de auto-descubrimiento y yo ya no podía ayudarla, rescatarla como me gustaría. Sentí que le había fallado. Se suponía que debía cuidar de ella y no lo hice, o eso creía yo. Yo la había puesto en una caja de protección perfecta. Yo sabía que sus años anteriores estaban llenos de pruebas, así que me convertí en su refugio, su Rahab. Yo no sabía que la protección física habría resbalado de mis manos con tanta rapidez. No sabía con quién hablar, sino Dios. Durante mucho tiempo luché por querer salvar, queriendo proteger a alguien que no sabía cómo dejar el pasado para abrazar el futuro. Me pregunté a mí misma como pastora. ¿Cómo iba a aconsejar a las familias acerca de poner a Dios en el centro cuando mi casa estaba donde estaba, o al menos eso pensaba? Oré, oramos. Había amor en el hogar. Nunca fue una cuestión de quién era el centro de mi vida, nuestras vidas. El reto era que estábamos en diferentes lugares de nuestro caminar y yo estaba impaciente con el proceso.

Dios me mostró, y se tomó un tiempo que estaba llena de orgullo y ego. Yo estaba más preocupado por lo que el mundo iba a pensar de mi familia y de mí, que había perdido de vista lo que era importante. Cuando el enfoque esta en lo que los demás piensan y no en lo que piensa Dios, el deja de construir la casa. Me enteré a través de ese versículo que la comprensión de Dios de construir la casa significaba que tenía que ser el constructor. Tuvo que ser el diseñador. Tuvo que ser el que determino el producto final. ¿Cómo me atrevería y cómo se atrevería otro tratar de poner un encajonado a la definición de lo que parece. Mi cascanueces está lejos de ser perfecta, pero es en su imperfección que Dios le está moldeando a su destino. Había veces que estuve tan aterrorizada de sus decisiones que me convertí en uno de esos padres que piden a Dios que haga algunas cosas interesantes sólo para poder verla caminar por la puerta. Dios me enseñó y me está enseñando que el paradigma no puede cambiar si no hay uno para cambiar de quién es llegara a ser.

El hacha cortó el quién era yo y la actitud que tenía hacia lo que un padre y un pastor debiera ser. Se cortó la comprensión que tenía de que la familia debe ser similar a como yo me crie. Comprendí que tenía que llegar a un lugar de amar a mis padres por su excelente crianza. Ellos hicieron un excelente trabajo en nosotros. Pero mi cascanueces y cualquier persona que Dios me dé para parental, necesitaran el paradigma que Él ha establecido para ellos. La iglesia no va a determinar la apariencia de esto. Yo canto la canción, "Señor yo quiero ser como tú, porque ella quiere ser como yo." A su manera, la veo más parecida a mí, ¿mencioné que ella es puertorriqueña. Tengo un buen amigo a quien yo llamo "petardo" también es puertorriqueño y cuando la retan es como el cuatro de Julio. Así que ahora usted entiende por qué menciono de vez en cuando mi cascanueces. Mi comentario se basa en la experiencia y no discriminatoria de ninguna manera, como yo distingo entre las culturas que estudias y la cultura con la que se interactúa día a día. No piensen mal.

El segundo golpe que me gustaría mencionar es el 22 de septiembre de 2014. El 22 de septiembre asistí a una reunión donde la claridad fue traída a mi llamado. Mi tiempo había expirado en LEC. Me fui con un peso tal levantado. El Señor ya me había preparado de tal manera que me sentía como ese día me coloco en una catapulta. Se echó hacia atrás y me lanzó a mi propósito completo. Fue un golpe repentino, oportuno y perfecto. Antes del golpe, recuerdo un día que hablaba con mi sobrino. Wow! Ahora entiendo por qué Dios lo envió aquí. Recuerdo cuando asistió a la Conferencia de Pastores y Líderes en Orlando, FL. Fue después de su graduación. Había decidido que se quedaría en Florida y trabajaría con el hermano. Pero el Señor le habló y rápidamente después de la conferencia estaba conmigo en MA. La transición no ha sido fácil, pero todo tiene sentido ahora. Recuerdo estar sentada en mi coche con él una semana antes y expresar a él lo cansada que estaba y con la esperanza de algo nuevo. Él hizo lo que normalmente hacía porque sabía que yo no hablaba mucho, así que cuando lo hice, necesitaba sólo un oído. No tenía idea de que le estaba hablando a mi futuro. Alguien lo describió como que se rompieron las cadenas, las rocas rodaron y ahora voy a correr. Estoy experimentando lo que quería decir el escritor en Hebreos 12: 1-2 RVR

Por tanto, nosotros también, teniendo en derredor nuestro tan grande nube de testigos, despojémonos de todo peso y del pecado que nos asedia, y corramos con paciencia la carrera que tenemos por delante, [2] puestos los ojos en Jesús, el autor y consumador de la fe, el cual por el gozo puesto delante de él sufrió la cruz, menospreciando el oprobio, y se sentó a la diestra del trono de Dios.

Estaba el dolor del golpe, que no voy a negar. Soy una persona muy estable y no me gusta el cambio. Me gusta estar quieta durante todo el tiempo que pueda y algunas veces puede ser una falla. Así que la separación era difícil pero necesaria. Para que un árbol crezca, independientemente no importando cuanto trataste de entender o justificarlo, la poda es necesaria de vez en cuando. No todos los partidos son una combinación perfecta. Dios nos ha llevado a lugares para una temporada y cuando es el momento de moverse, hace el ambiente incómodo para el que ya no puede encontrar la paz. Yo sabía que Dios me había llamado. Yo estaba en paz total. Yo no sabía que yo era la losa de piedra que había en el camino que tenía Él tenía que romper con el fin de llegar a donde él quería que yo llegara. A veces somos nosotros que estamos en el medio y Dios tiene que utilizar herramientas, personas, situaciones o circunstancias para llevarnos a donde él quiere.

Hubo momentos en los dos escenarios en donde me encontré delante de Dios, no preguntando por qué, pero preguntando cómo.

Aprendí hace mucho tiempo que Dios es Dios y cuando empieza a hacer algo que tenemos que dejarlo. Confieso que estaba en el medio y a veces no me daba cuenta. La situación con mi cascanueces y mi cambio de LEC me empujó a una nueva fuerza con Dios. Mientras miraba a los hombres que estaban trabajando fuera de mi casa, vi cómo le quitaron rocas y continuaron cavando. Trabajaron entre la pala y otras herramientas. Utilizaron la pala para quitar las rocas para luego comenzar la siguiente fase, lo que requeriría la azada y la horca. Una vez que se retiraron las rocas, comenzaron a moverse la suciedad en la superficie. Cuanto más abajo se fueron más complicados se convirtió. Ellos entraron en contacto con las raíces del árbol viejo que alguna vez estaba allí. Durante mucho tiempo he visto mientras trabajaban para eliminar las raíces. Trabajaron aún más difícil, ya que desenterrado las raíces pequeñas, pero tuvieron que traer más herramientas, una sierra para ayudar a cortar y cavar el tronco. Mientras miraba, era como si Dios estaba diciendo que habría momentos en nuestras vidas cuando la naturaleza del proyecto me va a necesitar para ir más profundo. Voy a ver raíces de árboles viejos, viejas heridas, viejas heridas y el propósito no para recordarte de ellas, pero para aliviarte porque estoy a punto de hacer una cosa nueva.

Algunas de mis divagaciones anteriores acerca de las cosas que ocurrieron en mi infancia salían a la superficie mientras que mi cascanueces estaban pasando por su período de auto-descubrimiento. Entiendo por qué era tan importante cuidar de ella, protegiéndola de un mundo grande y malo. ¿A quién estaba engañando? Tuve la mejor protección como niña y el mundo feroz todavía me encontró, y tuve que ambos padres. No hay hogar perfecto, ninguna familia perfecta a menos que haya una perfecta presencia del constructor. Ahora veo que el escudo se había roto y la tierra se estaba descubierta, la exposición de las raíces que necesitaban ser compartida para que otros puedan ser sanados. Tenían que ser expuestos de manera que el fluir que estaba sobre mí, pudiera fluir libremente en mí. El dolor del pasado se ha reducido como ese viejo árbol, pero la próxima cosa que Dios tenía que hacer, era quitar el tronco. En base a la profundidad de las raíces, determinará cuánto tiempo tendrá que pasar en esta nueva fase de la ruptura del suelo. Independientemente del pastor, líder, director general, no importa.

Usted no va a ser eficaz y todo hasta llegar a un acuerdo con las raíces ocultas que se interponen en el camino entre usted y el propósito de su verdadera existencia. Un hombre rico no sería miserable si él no estuviera constantemente bregando con lo oculto. Un hombre pobre no sería miserable si él no estuviera constantemente bregando con lo oculto. Hay un dolor de ser rico y un dolor de ser pobre. Sin embargo, si el principal arquitecto, el constructor y sustentador de nuestra alegría se les permitió manejar las herramientas, ricos o pobres, podemos tener paz. Comprendí de Dios que como él descubrió las raíces, el necesitaba aclarar toda la obstrucciones para que mi río pueda fluir. Necesitaba despejar toda obstrucción para que mi propósito pudiera crecer.

Mientras conducía fuera de la iglesia, vi como Dios comenzó a usar una pala espiritual para levantar cosas y las personas fuera de mi vida. Él fue rápido. Él fue intencional. Él fue estratégico. Él fue público. Fue el mejor dolor que he experimentado. Amo al cuerpo y continúo haciéndolo. Me fui a casa y vi cómo en 24 horas tenía un mayor propósito. Dios había comenzado el trabajo que él había prometido hace un tiempo. Una iglesia se había formado. Recuerdo mi sobrino de nuevo, Dios, lo amo. Estábamos mandando mensajes de ida y vuelta ideas de una nueva iglesia y el nombre que sería. Compartí el nombre con algunos otros y en un momento lo teníamos. Iglesia Internacional Ríos Fluyente. Ezequiel 47: 8 "Y me dijo: Estas aguas salen hacia la región oriental y descienden al Arabá; luego siguen hacia el mar y desembocan en el mar; entonces las aguas del mar quedan purificadas"

"Dios engendro el portavoz de las naciones. Traerá palabras de sanación y esperanza. Adonde quiera que fuéramos, traeremos vida. Nueva Inglaterra iba a venir a Jesús. Todos nosotros lo podíamos sentir, lo podía experimentar, y podía entender que lo que estaba pasando entre nosotros era sobrenatural.

El viejo yo, probablemente habría tomado un poco más de tiempo para ponerse en marcha, gastando tiempo tratando de dar sentido a las cosas. Pero Dios me tenía en un útero durante 5 años y medio. Me estaba preparando para un momento como este. El romper terreno fue para dar a luz a una Pastora. Fue para dar a luz a una iglesia. Hace 7 años yo no habría sido capaz de decirle que tenía un pastor o una iglesia en mí. Pero ahora entiendo por qué Dios me dijo la primera vez que prediqué en un servicio al aire libre en Lowell. Estábamos en un parque y en mi camino allí Dios me dijo que predicare a muchas personas. Puede que haya habido 50 personas en el parque, pero él dijo que yo predique como si yo estaba de pie ante una multitud.

Cuando se rompe el terreno, no crean que no haya un propósito. Si realmente queremos que Dios obre en nosotros, tenemos que permitir rienda suelta en nuestras vidas para romper cuando él quiera, para levantar los escombros cuando quiera y para eliminar incluso las cosas que amamos más, aunque duela. Confía en mí, no hay mayor gloria que servir a Dios. Si elimina algo o alguien de nuestras vidas, es porque él tiene un plan mayor y que se había convertido en el tronco del árbol y las viejas raíces que deben ser erradicadas de manera que un nuevo aceite puede fluir. La palabra de Dios dice que no se puede poner vino nuevo en odres viejos. No podemos poner nueva unción en un recipiente que no puede contenerlo. La unción que está fluyendo en mi cascanueces requiere que ella no use mi piel, pero que use la de ella. Es un reto para observar el proceso, pero mis ojos espirituales están viendo a Dios en el trabajo. Alabado Sea Dios!

Descansa en la promesa

Hebreos 4: 3-4 *"3Porque los que hemos creído entramos en ese reposo, tal como Él ha dicho: COMO JURE EN MI IRA: ``NO ENTRARAN EN MI REPOSO, aunque las obras de Él estaban acabadas desde la fundación del mundo. 4Porque así ha dicho en cierto lugar acerca del séptimo día: Y DIOS REPOSO EN EL SEPTIMO DIA DE TODAS SUS OBRAS;..."*.

Cuando creemos en la palabra de Dios vemos que en nuestra obediencia a Él como lo había prometido a , nos promete que Él es un lugar de descanso. Este es un lugar que se estableció desde el principio del mundo. En otras palabras, se nos garantiza el descanso en Dios. V4 habla de cuando Dios descansó el séptimo día. No fue a causa de agotamiento sino porque el trabajo estaba completo. Eso nos dice hoy que sus promesas, que son sí y amén, significa que no tienen que preocuparse de nada; sólo confía en él y en la palabra. Dicho esto, tendría sentido que nosotros soltemos las herramientas y le permita que El complete su propósito en nuestras vidas.

Días han pasado y el trabajo fuera de mi casa es aún incompleto. Los obreros completaron la parte más integral, el tubo está adentro y la calle sellada. Sin embargo, el área donde el tronco estaba con todas las antiguas raíces permanece sin terminar. Pusieron nueva tierra y lo dejaron allí. El impacto fue tan grande que tuvieron que dar tiempo a la tierra para que se establezca en su nuevo entorno. Me imagino que también ponen abajo algunos productos químicos para evitar que las raíces crezcan. A veces estamos en apuro para encubrir el dolor. Estamos en una prisa para encubrir el golpe. Dios me estaba enseñando a través del trabajo que se realiza fuera de mi casa que cuando se realiza la excavación, cuando se realiza la eliminación de los obstáculos, él tiene que darle un poco de tiempo para que se acostumbre a su nuevo entorno antes de que pueda comenzar a construir. Él no va a poner las nuevas bases en terreno inestable. Si Él la pone muy rápidamente puede parecer como la última situación de donde salimos. Dios me mostró que lo que estaba haciendo en mi vida, me convertiría en un original de los diseñadores, no imitadores. Me enteré que la Rosa Julieta tomó 15 años antes de alcanzar la perfección. 15 años, 13K o casi $ 5mil mas tarde era la rosa más cara de producir. Dios reveló que lo que estaba haciendo conmigo a través de este proceso no sería una réplica, pero un original. Intentamos; He tratado de avanzar a Dios en el proceso, cuando él lo que quería era que yo descansara. No voy a decir que me he perfeccionado. Sin embargo, sé más ahora y tengo una mayor claridad sobre la confianza en Dios en todas las cosas. Algunas personas se aferran al hombre y las relaciones, tanto así; que en frente de grandes dificultades cuando una decisión debe ser hecha, se aferran a lo conocido. Lamentablemente vivimos en un día donde elegir a de Dios es cada vez más impopular. El resto prometido no tiene espacio para asociaciones o lo familiar, pero fe en una promesa. Todo se ha cumplido, así que no tengo que luchar. Él es Jehová Jirreh, el proveedor, no me tengo que preocupar. Él es Jehová Nissi, el que reina en victoria, así que mis batallas han sido ganadas. Él es Jehová Shama, Dios, que está presente, así que en mi ayer, hoy y mañana Él está eternamente presente.

Uno de los mayores retos y requisitos están en pausa y descanso. Crecí viendo padres muy activos. Ellos todavía son. No podíamos quedarnos en la cama pasado 7 am. Yo diría que los cuatro de nosotros, siendo niños, aprendimos de nuestros padres a no quedarnos de brazos cruzados. Siempre había trabajo por hacer. La cama que se ve tan atractiva para descansar es como un lecho de espinas después de unas horas de descanso. No le recomiendo eso a nadie porque ahora estoy aprendiendo a apreciar un par de horas más de descanso. Quiero decir, está bien dormir hasta las 8am a veces. Gloria a Dios! Este no es el tipo de descanso del cual me estoy refiriendo. Me refiero a un reto donde podamos estar en un puente con la cuerda elástica de fe envuelta alrededor de nuestros tobillos y simplemente liberar. Levantar nuestros brazos, cerrar los ojos y decir: "Señor aquí vengo. No puedo verte, pero sé que estas ahí. "No puedo ver el viento, pero sé que está ahí. Noe no vio la inundación pero confiaba lo suficiente como para construir un arca solamente en base a su palabra. Los muchachos hebreos no habían visto pero tenían confianza suficiente para saber que Él era un Dios celoso y dijo que no se debe tener otros dioses, sino a Él. Lo hicieron de tal manera que ellos entraron en un horno de fuego y salieron intactos. No fueron quienes ellos eran, pero su fe en saber quiénes eran. El descanso es ver el fuego y seguir adelante.

Vamos a ser personal por un momento. Esta jornada en donde estoy ahora es impresionante y aterradora. Estoy en un lugar en el que nunca he estado. Este lugar puede resonar con el padre que ha perdido a un hijo, el atleta que tenía grandes sueños y parado por una lesión repentina, el director general que un día estás en la oficina de la esquina y al otro día estás caminando como un "fracaso". No sé dónde se encuentra en este momento en su vida, pero ese lugar se siente oscuro, solo, consumidor, abrumador, sofocante y sin esperanza. No es un lugar feliz, pero un lugar necesario. Extraño como pueda parecer a causa de la pérdida de un hijo una gran cantidad de bases se han establecido para ayudar a otros padres con sus hijos. Debido a que la lesión no pudo ser profesional, pero usted está ayudando a muchos a alcanzar su sueño. Debido a que se le negó la oficina de la esquina ahora es dueño de la empresa. Todo esto viene de ese lugar que nunca había estado. He estado en el dar y recibir de "ese lugar"; y tú? Lo interesante es que mucha gente permanece en ese lugar sin saber que en medio de todo pueden encontrar la paz. En medio de todos los retos descritos pueden encontrar la alegría y el descanso. Usted no puede ver con claridad su camino pero se puede confiar en el que hace el camino.

Lo que sé es que amo a Dios y confió en él lo suficiente como para no limitarlo. No tengo mucho. No tengo mucho en mi círculo íntimo. Me estoy aguantando el 100% no basado en lo que o quien conozco en la tierra, sino en Dios y su palabra. Estoy literalmente diciendo a ustedes mis lectores; este lugar de descanso requiere mucho trabajo. El trabajo no es físico sino espiritual. Me han puesto bajo el hacha de la vida. La suciedad mía ha sido expuesta. Las raíces se han sacado. Tengo nueva tierra que ha sido derramada para rellenar el vacante. Mi fe nunca ha sido más cuestionada. Se puede ver el nivel de fe de una persona por su reacción en medio de una tormenta. Es como el agua hirviendo, lo más caliente que esté el agua, lo menos probable sumergimos los dedos. Recuerdo que estaba en las aguas termales en Costa Rica. Estábamos en la base del volcán y en cada manantial natural, cuanto más nos acercamos al volcán más caliente el agua. No había mucha gente cerca al volcán. Lo mismo fue la prueba de mi fe. Hablé de ella, he predicado sobre ella, pero ahora que estaba en el horno, iba a vivirla? O iba a confiar en el Dios que conocía o en las emociones que me consumían. Mi amor a Dios nunca se ha sentido más real. Mi confianza en su palabra y sus promesas es todo lo que tengo. Estoy anclada en él y quién él es. Esto no es fácil de decir cuando domingo tras domingo yo tengo que llevar la palabra que Dios me ha dado para su pueblo. El cambio en mis mensajes es que ahora son más reales. Ellos no están predicando en abstracción. Me parece que en este lugar de romper terreno y en este tiempo de reposo, Dios me está poniendo en una plataforma del siguiente nivel.

Estoy viendo a Dios a construir dos casas. Él está construyéndome a mí y mi casa. Él también está construyendo su iglesia. Dios es el arquitecto, jefe visible y constructor. Se trata de El que nos guía a través del proceso de construcción.

En mi vida, nunca he estado tan centrada y responsable. Yo soy más responsable con todo. Es divertido, nos sentamos en una silla porque está ahí y parece que nos sostendrá. Algunas veces no lo pienso dos veces. La jornada en la que estoy ahora no tiene sillas físicas para sentarse. No hay un sueldo fijo. Tengo que pagar mi casa, una hija en la escuela, una nota de coche, y las facturas. El cheque más grande semanal que he recibido desde que mi tierra se dividió fue de $ 600 y el más bajo fue $ 291. Yo venía de un fondo secular donde hacía más de $ 100k anual. Sí amigos, Dios ha comenzado una buena obra en mí. Estoy confiada en que si alimenta a los pájaros en el aire, los peces en el mar y los animales en el bosque, entonces me alimentara. Él suplirá. Confío en Dios! Debo estar perdiendo la cabeza, pero no lo estoy, Dios se ha convertido en mi silla, mi fuerza, mi esperanza, mi todo en todo. Recuerdo constantemente que le decía a Dios que yo sólo quería concentrarme en él y hacer las cosas que le glorifican a Él. Bueno, lo tengo! Estoy agradecida. Finalmente para mí y en mis oraciones para todos ustedes que quieren "llegar" aprendan a que Dios sea el constructor. En lo poco tengo más que cuando yo tuve más. Dios es impresionante!

En la iglesia, ahora hemos completado ocho semanas de adoración como iglesia recién formada. Nuestro primer domingo tuvimos 52 personas y en el último domingo de la octava semana, hubo aproximadamente 150 personas. Estos números incluyen un ministerio de niños que estaba activo desde el primer día. Mientras Él los envía yo estoy viendo a través de los sermones como Dios está retando a esos que comenzaron con migo y a ellos, que el sigue enviando. Veo lo fácil que es para los predicadores jóvenes (como se define por la experiencia y la madurez en la palabra) y pastores dejarse llevar en el púlpito. Siempre me pongo nerviosa cuando veo a la gente ansiosa de llegar a una posición. Ellos harán todo lo posible para llegar allí, impacientemente tratando de asumir el control y saltar a la visión de lo que Dios puede o no le ha mostrado. No porque alguien haya orado por ti significa que tú puedes correr en acción. Antes de ser pastora, ahora reflexiono sobre cuánto tiempo Dios me ha estado preparando para ahora. Yo no fui cocinada en un microondas. Toda mi vida he tenido luchas y bendiciones. No entendía el final, pero Dios si lo esperaba, y lo predetermino. Nunca soñé con ser pastora. Yo sabía que estaba llamada al ministerio y reconocí en mis 20 años de edad que fui llamada a servir. Nunca pudiera haber dicho que iba ser pastora mucho menos una fundadora de una iglesia. La única cosa que ha sido una constante en mi vida, es lo mucho que amo a Dios y quiero vivir para él. En mi imperfección Quiero ser perfeccionada en él.

Artefacto # 3

Antes de la construcción

¿Alguna vez has encontrado sintiéndote expuesto? Es esa sensación donde no hay donde correr, no hay donde esconderse, estas en el abierto. Todo el mundo que está mirando puede leer a través de ti. A un cuando no pueden, tu sientes como si lo están. Yo pienso, que ahora conocemos una de las razones de porque muchas personas, incluyéndome a mí misma, tenemos dificultad siendo real con nosotros mismo y como pastora de una congregación es que tenemos miedo de ser expuesto. Recuerdo que en la universidad una de las historias que leímos estaba en el "El Que Dirán". Es la preocupación constante de lo que otros dirán.

Me doy cuenta ya que estoy en el lugar de la vulnerabilidad y fortaleza en mi vida, que mis años de inseguridad y baja autoestima finalmente están llegando a su fin. Digo llegando, no es porque no estoy liberada sino porque estoy liberada y cuando el enemigo pone pensamientos en mi cabeza, yo sé que necesitó recordarle que esto ha acabado. Consumado es. Solo con mirarme, uno no podrá saber que yo crecí con la autoestima extremamente baja. Yo era muy callada, muy reservada, y dudaba de mi cada paso. Yo me consideraba ser la más fea, o entre las más feas que vivían. Bueno, cuando eres llamada fea y te hacen sentir fea por tanto tiempo tú te lo crees. Mi familia me amaba pero la sociedad tenía otras opiniones. Seamos sinceros. Yo era una chica bastante grande en la escuela intermedia y secundaria.

Yo era la que menos probable podría hacer o llegar a ser algo en todas las categorías. No debería haber logrado lo que hice. Los resultados de las pruebas, dijeron que no iría muy lejos, pero le demostré que estaban equivocados. Ahora sé lo suficiente como para decir a Dios sea la Gloria.

Esta sensación de ser expuesta es una, que en otro momento de mi vida pude haber corrido y esconderme. Estoy agradecida de que Dios me ha traído a este lugar donde la superficie que una vez me cubría, está ahora removida y ahora estoy verdaderamente expuesta. Yo soy una pastora, pero en esencia estoy desempleada, recibiendo una oferta basada en la bendición semanal. Yo trabajo para el Estado, pero eso es una posición contratada y la compensación no vendrá hasta que los contratos se hallan finalizados y los libros cerrados 42 días después. Las facturas se acumulan. La hipoteca se atrasó y salvar la casa fue puesto en oración para un milagro de Dios. Tengo una hija en la escuela. Es el tiempo de festividades. Tengo varios proyectos importantes todos los cuales necesitan tiempo, la oración, y recursos. Mi salud en este tiempo estaba baja. Y estoy expuesta.

Me encuentro en las encrucijadas mayores de la vida y en contra de la que solía ser. Me parece que tengo paz interior que me mantiene tranquila y más impulsada que nunca. Hay una calma que tengo en mi espíritu que me hace sentir bien. Porque con los justos, le irá bien. Yo lo creo.

En este período de la exposición, me estoy dando cuenta del impacto que está teniendo en mi intimidad con Dios, la crianza de mi hija, mi predicación, mis finanzas, y mis relaciones.

Intimidad con Dios

Me he convertido en una ruina emocional. Me encuentro realmente clamando a Dios más de lo que he hecho antes. Estoy a un nivel de hambre y sed de Él. En el Día de Acción de Gracias, hice algo que nunca antes había hecho, por lo menos no de esta manera. Llamé a mis padres y les dije que vamos a orar y dar gracias. Dios nos usa de una manera tan poderosa. Oramos, dimos gracias e hicimos declaraciones que eran tan poderosas. Esos guerreros de oración saben de lo que estoy hablando, cuando al salir de una oración tan profunda, tú sientes que podría conquistar el mundo. Estoy descubriendo ahora que estoy expuesta y que mi única cobertura es Dios. Él es la manta que protege mi desnudez.

Como pastores y líderes, yo encuentro que enseñamos y enfatizamos la importancia de desarrollar una relación íntima con Dios. Le decimos a la gente lo correcto, lo que la palabra de Dios dice acerca de la búsqueda de él y tener hambre para él. Enseñamos a la gente que el mejor escondite se encuentra en el refugio de sus alas. Nosotros enseñamos y predicamos tanto e irónicamente, por lo menos en mi caso, cuando los papeles se cambian aun cuando nos decimos esto a nosotros mismos, cedemos bajo el peso de la presión. La verdad y la profundidad con la que realmente podemos medir el grado en que Dios se ha convertido en nuestro constructor y la base segura es cuando estamos bajo nuestra propia presión. Somos los pastores, somos los mentores de modo que podemos recurrir? Esta jornada me trajo de vuelta a los momentos donde lloré en la ducha, diciendo a Dios: "Si me llamaste me tienes que guiar." Ahora me veo más que nunca de volver a esos momentos y decirle a Dios: "No tengo a dónde ir. Me tienes. Que quieres que haga? Muéstrame qué hacer. "Muchas veces, ese era mi clamor a Él. Le diría: "Señor, papá, ¿puedes sólo sostenerme?" Yo, literalmente, sentada en el suelo con la cabeza en la cama, como si estuviera colocando mi cabeza en el regazo de mi padre.

Mi Crianza

Uno de mis retos es ver el proceso de mi cascanueces está pasando y no poder rescatarla. Pablo dice en 1 Corintios 3: 6 "Mi trabajo era plantar la semilla en sus corazones, y Apolos regó, pero fue Dios, no nosotros, que la hizo crecer." Esta escritura se ha convertido en el sedante a mi montaña rusa emocional. Yo sé que ella le pertenece a Dios y estos son años difíciles para ella. También sé que Dios tiene sus manos sobre ella. No puedo tratar y perfeccionar lo que ya es perfecto. Dios la tiene justo donde Él la quiere y a Su tiempo perfecto, ella va a reflejar su gloria. Este fue un momento importante para mí, porque como madre, como pastora, como madre soltera y pastora, es fácil hacer hincapié sobre la vista del espectador. Como mencioné anteriormente, esta jornada es una que sólo Dios puede determinar. Estar expuesta me permite ser real desde el púlpito, en mi libro y en los momentos de tutoría con otras familias que están luchando. Es Dios el que destruye y edifica.

Recuerdo que una noche clamé a Dios, tratando de entender los dolores de crecimiento de la crianza de un adulto y Dios puso en mi espíritu lo siguiente: "mi trabajo es amarla, mi trabajo es corregirla." Eso llego a casa tan claro que a partir de ese momento, no ha sido perfecto, pero realmente he soltado en sus manos las cosas que no puedo cambiar. Como pastora y como madre, esto es una cosa difícil de hacer. Sin embargo, Dios permite que la exposición no sea por ninguna otra razón que posicionarnos para Su propósito. Es ahora, en el lanzamiento, que Él realmente será capaz de construir la relación que Él nos ha diseñado a tener. Es hora de que Dios sea glorificado en nuestra relación Él hace crecer la semilla, no yo. Alabado sea Dios por la exposición!

Mi Predicación

Se lo recomiendo a todo pastor o cualquier persona deseosa de convertirse en una figura pública. Aunque debo subrayar mi énfasis, en esos quienes profesan y quieren ser real con eso que Dios ha puesto bajo su cuidado. Prediqué mi corazón durante 5 años y medio a un cuerpo de creyentes que me encantó y gracias a Dios por el tiempo que les serví. Sin embargo, no me sentía entonces como me siento ahora. Como he mencionado antes, gracias 22 de septiembre de 2014. Me siento como esa vieja película The Twilight Zone. Siento que salí de una época a otra. Mi predicación es como la noche y día. Me siento como que he recobrado la vida de una manera que no sabía que existía. Todavía no te puedo contar todo lo que yo he dicho. Yo sé que el espíritu del Señor se está moviendo poderosamente y vidas se están transformando. La escritura de este libro está tomando lugar a medida que la transición está ocurriendo, de echo estoy predicando mi jornada. Pastores, prediquen su jornada. La Palabra es lo que hace el cambio. La Palabra es el agente que trae Rema a un mensaje simple. La unción es más real, ya que está conectada a la persona que Dios te ha establecido ser. Estoy expuesta no por internación sino por revelación. Las cortinas se desprenden; la máscara es levantada cuando estás expuesto. La desnudez de la pasión por Cristo pasa de lo que lees y estudias, a lo que eres.

Mis Finanzas

Una vez mi papá lea este libro, probablemente sonreirá de oreja a oreja al saber que finalmente lo capte. Él martillar sobre nosotros a medida que fui creciendo para que ahorre. "Hay que ahorrar, es necesario tener algo guardado para un día lluvioso." Bueno, mi día de lluvia era de mis padres después de una larga conversación con él. Yo sabía que él estaba en lo cierto, pero nunca lo tomé tan serio como debí. Yo tenía las cuentas, pero el dinero entraba y salía rápidamente. Tener un presupuesto a seguirlo. Bueno, podría seguir un presupuesto que fue pre-establecido, pero mi habilidad no era preparar mi propio presupuesto. Finalmente, yo necesitaba ayuda. Yo no pido ayuda. Cómo podría? Yo tenía cuatro grados y un par de certificados en la mano. Hacia buen dinero, ¿por qué iba yo a pedir ayuda? Bueno, esto era la zona donde tenía más a Dios. Hice un trabajo pobre equilibrando mis libros. Hice un pobre trabajo ahorrando y manteniéndolo ahí. Siempre había una necesidad de echar mano. Yo también era terrible cada vez que había una necesidad. Yo era una de esas personas que daría todo y quedarme con nada para mí. Sí, yo estaba siendo amable, pero para Dios eso no es lo que significa una buena administradora.

No jugaba con mí ofrendar, iglesia. Yo amo ofrendarle a Dios. Creo en ofrendar. Yo sabía qué hacer, pero yo no lo aplique a mi persona y Dios uso esta temporada para ordenar mis pasos financieros. Digo, Él me está posicionando para recibir lo que está por venir. Alabado sea Dios, Él sabe que puede confiar en mí para bendecir a otros, para dar en la Iglesia y no idolatrar el poderoso dólar. Recuerdo cuando clamaba a Dios y le decía, suficiente, tengo que cambiar. Necesito tener algo que mostrar por mi trabajo duro. Dios respondió. En mi exposición, he construido un presupuesto personal y me atengo a él. He construido otros presupuestos y me atengo a ellos. Hay asignaciones apropiadas que tengan sentido. Nadie me enseñó esto cuando empecé, pero si Dios. Si Dios me va a tomar para el próximo lugar que veo en el reino espiritual, entonces esto era necesario.

Si Dios construye mi casa, él me está mostrando lo que Él necesitaba que yo viera a través de mi administración responsable. Si Él me va a utilizar para predicar sobre la mayordomía, necesito tener un testimonio. Tengo tantos ojos mirándome y también a muchos que Dios ha puesto en mi cuidado para que yo los guie. Esta exposición, aunque dolorosa era necesario.

Mis Relaciones

Uno de los momentos más inseguros para mí fue 5 ½ años de pastorear en el área de las relaciones. Esto no debe ser malinterpretado, yo tuve una experiencia que no cambiaría y conocí a algunas personas extraordinarias que han impactado mi vida para siempre. Obispo TD Jakes lo dijo mejor. Es difícil para un joven pastor entrar a una iglesia pre-establecida y tratar de guiarla. En un sermón, hablando con pastores y líderes, le da luz a la realidad de que Jesús conocía a su Judas. Él también conocía a su Pedro. El reto no era, sin embargo, el que él iba a traicionar a Jesús, pero si para los 11 que hicieron la pregunta: "Señor ¿es verdad?" Ese mensaje resonó en mí durante tanto tiempo; porque es un nuevo ambiente en el que se hereda a todos, a quien no conoce. Los variables son muchos. ¿En quién confías? ¿Quién está en realidad con usted? ¿Quiénes van a ser sus confidentes con los que puede contar en cualquier tiempo? Ellos están allí para usted, a pesar de todo. ¿Quiénes serán sus constituyentes?, los que van a caminar con usted hasta que surja otra oportunidad para llegar a su destino más rápido que tú? Estas son personas que no son para usted, pero están con usted para el paseo. ¿Quiénes serán los camaradas, están allí sólo porque usted tiene un enemigo común? Bueno, yo no tengo enemigos comunes cuando empecé, excepto a Satanás. Sinceramente luché siendo una forastera, sin conocer a nadie y tratando de hacer lo mejor que sabía con lo que tenía. Hubo esos quien dijeron te amo, pero sólo

Dios sabe. Estuve expuesta no para que yo pudiera entrar en el silencio o para esconderme, pero para que yo pudiera pararme en la cima de la montaña. Sólo diré que me encanta el poder de la experiencia y el propósito de la exposición. Muchos están observando para ver si voy a detenerme, pero la verdad es simple, cuando Dios está guiando, renueva tu fuerza en cada paso del camino. Esta exposición me ha permitido ver la verdad del "Te amo." Es impresionante!

Recuerdo haber tenido dos "escuderos" en ambos lados de mí. Era bastante la experiencia. He aprendido mucho acerca de lo que quiero y no quiero. Me enteré de quien estaba aquí para apoyar y quién no. He aprendido mucho de que es con gratitud que yo reconozco la experiencia. Llegó el día en que me encontré sentada sola. La cobertura que tuve durante varios meses, en un abrir y cerrar de ojos ya no estaba allí. Hay mucho que se puede decir aquí, pero no haría justicia al valor de la experiencia. Como Dios me expuso, Él me hiso recordar de mi confianza. Debe ser totalmente de Él y no en el hombre. Usted ve, cuando la persona física que se compromete a estar a tu lado, desaparece, Dios se mantendrá firme. ¿Dónde estuviera hoy si todavía confiara en el hombre? Mi llamado y fuerza nunca fue del hombre y Dios tuvo que interrumpir el fluir para recordarme. Es bueno tenerlos pero no son tu fuerza. Cuando Dios está construyendo, Él debe ser la columna. Más sobre la columna después.

Esta exposición trajo revelación para mí en quien yo podía confiar. Eran personas que estaban dispuestos a pararse en medio de la tormenta conmigo, no por mí, sino por el Dios en mí. Estaba claro para ellos y para mí, que Dios había tejido nuestros espíritus juntos de tal manera, que las palabras no pueden explicar. Vamos a ponerlo de esta manera. Nuestro primer domingo, tuvimos 52 personas en la asistencia. Entre ellos dos pastores, un grupo de alabanza, líderes en el ministerio y otros que simplemente querían adorar a donde estábamos. Abrimos nuestro primer día con una Iglesia Niños que continúa promedio 20 a 25 todos los domingos. Podría enumerar todo lo que Dios ha hecho en tan poco tiempo, pero el propósito es simplemente para poner en alto que esta exposición dio a luz a una familia.

El amor y el apoyo que he recibido desde que comenzó la iglesia, me mantiene cada vez más humillado ante Dios. Es ahora cuando estoy nerviosa. Esta llamada no es para tomarse a la ligera y estoy encontrando que esta exposición me ha dado una mayor responsabilidad para el servicio en el reino. Tengo una gran claridad en el llamado. Tengo un profundo aprecio por el impacto que está teniendo en mi intimidad con Dios, mi crianza, mi predicación, mis finanzas, y mis relaciones.

Artefacto # 4

Pensamientos de un mensaje: "He estado expuesta – Quién soy yo?"

Hemos completado cuatro semanas de Romper Terreno y cómo no resentir las herramientas que Dios usa en nuestras vidas para que nos llevara a nuestro propósito. Era el momento de pasar a la fundación y la construcción, o eso creía yo. Dios usaría mis situaciones personales como se ha mencionado anteriormente para revelarme algunas verdades.

La primera verdad: No porque el terreno está roto significa que debemos empezar a construir de inmediato. El reveló que es un proceso, y aunque el terreno ahora estaba abierto, tenía unos cuantos daños que arreglar para que no hubiera ninguna hemorragia una vez que se pongan las bases. Pienso en un dentista. Cuando usted va a obtener un conducto radicular, tienen que adormecer sus encías, perforar el diente, sacar todas las raíces y poner los rellenos temporales con medicación. El objetivo es que cuando ellos sellen el diente en una visita posterior, no habría la susceptibilidad a la infección. También permite al dentista ver que en realidad se eliminaron todas las raíces. Recuerdo una vez que se hizo. Yo estaba asistiendo a la Universidad de Illinois en Urbana Champaign. Tuve un tratamiento de conducto radicular hecho y tenía que volver la semana siguiente. Bueno, regresé y me senté en la silla del dentista para lo que se supone que era un procedimiento normal. Para mi dolor y consternación del dentista, salté del asiento en el primer contacto con mi diente. No se había retirado a fondo las raíces.

He tenido muchas experiencias de conductos radiculares en mi jornada donde el pellizco del dolor me lleva de vuelta al punto de origen. Navidad con la familia, aunque sencillo, era una extracción para mí. Explico. Mis padres nos inculcaron no sólo el valor de la familia, sino también las tradiciones familiares. Teníamos cenas los domingos. Tuvimos reuniones familiares. Las reuniones de Navidad eran algo que todos mirábamos con interés, y luego crecimos. Todos mis hermanos se casaron establecieron una familia y un año decidieron que era hora de iniciar sus propias tradiciones. Ellos querían permanecer en sus propios hogares. Yo estaba como, ¿qué? Qué hay de mí? Estoy soltera. No tengo mi propia familia y ustedes son mi familia. Fue una extracción que dolió. Dicen que el tiempo cura todas las heridas, no es verdad. Cada año todavía anhelo el tiempo familiar que crecí sabiendo. El tiempo ha cambiado, hemos cambiado, pero el valor sigue siendo el mismo. Este fue uno de esos momentos en los que, cuando reflexiono sobre el estado emocional en donde yo estaba y en todas las inseguridades que estaba viviendo, fue otro momento de rechazo. No me di cuenta hasta más tarde. Nunca lo he mencionado hasta ahora, pero me sentí como que mi mundo estaba cediendo y no había nada que pudiera hacer. Como lo menciono de vez en cuando, es como si una herida estaba siendo estirada. No, yo amo a mis hermanos y ellos me aman a mí, así que no tengo peleas familiares internas con ellos para compartir con el mundo. Sé que mientras Dios construye mi casa, Él está sacando a la luz algunas áreas de mi vida que abiertas, pueden ser liberadas.

Terika Smith, Ed.D

Ya que he tenido mis propias tradiciones establecidas y nuestras familias tienen momentos de celebración, pero no hay nada como estar con mamá y papá y el resto de la familia en Navidad. Otra verdad sobre el romper terreno, es que ahora que estoy abierta, expuesta, como se mencionó antes, había algunas áreas que necesitaban ser dirigidas antes de entrar en la siguiente fase de mi vida. En 2 Corintios 3:18 Pablo golpea el clavo en la cabeza,

"Y todos nosotros hemos tenido ese velo removido para que podamos ser brillantes espejos que reflejan la gloria del Señor. Y como el Espíritu de El Señor actúa en nosotros, nos volvemos más y más como él y reflejamos su gloria aún más".

Mientras este texto habla de la salvación que se le da libremente a todos los que vienen a Jesús y el velo que se le quita, brilla intensamente en la experiencia de romper terreno.

Si tenemos en cuenta la definición de la palabra de la exposición, entendemos que lo que antes nos cubría se ha ido. Nos quedamos muy abiertos. Si antes estuvimos blindados, cubiertos o protegidos, ahora estamos visibles a simple vista. Mamá ya no estaba allí; papá ya no estaba allí. No había nadie para luchar las batallas ni nadie para protegerte, tú estás expuesto. El velo se ha levantado, las cortinas corridas, lo feo está afuera, usted ha estado expuesto. Usted se encuentra en un lugar de vulnerabilidad, susceptible a cualquier y todo a su alrededor.

Una de las cosas que he llegado a apreciar es una vez que he terminado de predicar, hay gente alrededor, y oran por mí y me proteje de los elementos espirituales que me puede coger con la guardia baja porque estoy agotada. Cuando predico, todo lo que hay en mí se derrama y así no queda nada para sostenerme. A veces, literalmente, siento que me voy a conectar con el suelo si alguien no me captura. He mencionado la cobertura anteriormente, pero a Dios sea la gloria, como Él me lleva en esta jornada que ahora veo en esta temporada de la exposición que tuvo que retirar con el fin de establecer. Él tuvo que quitar el andamio que era temporal para poner los accesorios que serían permanentes. El hombre no puede hacer lo que Dios puede. El hombre no puede construir la casa sin los planos de Dios. Esta temporada de ser desvelada ha traído claridad para ayudar a los débiles, que sepan que si son fuertes, pero su fuerza está dentro. Posición no nos hace fuertes. Título no nos hace fuertes. Un banco no nos hace fuertes, pero es la fuerza de Dios, la columna vertebral de nuestro propósito. Dios no podía construir esta casa; él no puede construir su casa a menos que sea capaz de erradicar falsos entendimientos. Él no puede construir su casa a menos que pueda poner una base firme. Él no puede construir una base firme en terreno contaminado.

Dios le dijo a Moisés que tomara las sandalias de sus pies, porque el lugar en donde estaba parado era santo. Él le dijo a Josué que se quitarse los zapatos porque estaba en tierra santa. La casa que Dios construye en nosotros requerirá que los zapatos de nuestra identidad falsa, los zapatos de nuestro yo imaginario, los zapatos de nuestras tradiciones y rituales que no tienen nada que ver con el Dios que servimos, sean eliminados. Quiero que Dios a construya mi casa. Quiero saber que el quien yo me convertirá en Él, sea expresado totalmente en el quien el creo en mí. No me refiero a quien físicamente soy, que simplemente se marchitara con el tiempo. Estoy hablando del yo eterno atrapada en el yo físico, colocado aquí en la tierra con un propósito. Este tiempo de ser abierta me ayudó a valorar el quien soy como ser humana y quien soy como hombre, espíritu.

Voy a explicar brevemente, la palabra humana viene de humus, que significa tierra, y el hombre, que es el espíritu. Cuando Dios dijo en Génesis 1:26, "Y dijo Dios:" **Hagamos** al hombre a **nuestra imagen**, conforme a nuestra **semejanza**; y señoree en los peces del mar, en las aves de los cielos, en las bestias, en toda la tierra y en todo animal que se arrastra sobre la tierra. "El hizo al hombre, de acuerdo a su imagen y semejanza. Así que si Dios es espíritu, entonces el hombre es espíritu. Entonces el hombre fue creado para vivir eternamente después de la semejanza de Dios. A continuación, tomó tierra y formó el cuerpo en el que sopló su espíritu y la tierra se convirtió en un ser vivo. Cuando pienso en la exposición y ser abierta de par en par antes que Dios ponga las bases sobre mi vida, me estoy dando cuenta de que las cosas que están siendo expuestas, están siendo expulsadas porque no pueden ir conmigo al lugar que Dios me está llevando. Formo significa apretar. Dios no va a apretar ni la base ni el edificio. Me rompió de par en par para deshacerme de esos obstáculos y revelar los puntos fuertes para hacer el cambio que ya habló sobre mi vida.

No huyas de la ruptura. No huyas del desplazamiento de personas, cosas o bienes de tu vida. No huyas de la exposición. Es posible, que duela por un tiempo. Recuerde que es sólo una temporada, sí; Mayor ha Porvenir, canta la Señorita Jekalyn Carr. Estoy realmente aferrada a la línea de vida y es Jesús. No me he sentido más fuerte, más libre o más audaz. Así que ten cuenta mundo, aquí viene mi sanador, mi Redentor, mi creador cierto, mi solucionador de problemas, y mi Shaddai. Él viene.

Hay una libertad, irónicamente es así, que viene con la exposición. Estoy aprendiendo que la exposición no tiene que causar dolor si entendemos el propósito. Si pudiera cantar y tuviera un coro para apoyarme, me gustaría cantar esto desde cada cima de la montaña, en todas las plataformas que Dios permita. Yo adoro a Dios sólo por lo que Él es.

Señor te Adoro por TS

Señor te adoro
Por quien eres//

Tú eres mi Señor
Tú eres mi Rey
Tu eres el gran YO SOY

Señor te adoro
Por quien eres //

Tú eres mi Señor
Tú eres mi Rey
Eres gran YO SOY

Eres mi todo
Tú eres mi Señor y Rey
Eres el gran YO SOY
Oh Señor, mi todo

Señor te adoran
Porque de lo que eres //

Tú eres mi Señor
Tú eres mi Rey
Eres el gran YO SOY

Yo soy, Jehova Rapha
Yo soy, Dios tu sanador

Yo soy, Jehova Nizzi
Yo soy, yo peleo sus batallas

Yo soy, Jehova Shama
Yo soy tu Dios que está presente

Yo soy, Jehova Jirreh
Yo soy, Dios tu proveedor

Señor te adorar
Por quien eres //

Tú eres mi Señor
Usted zona Rey
Eres el gran YO SOY

Yo soy, Jehova Rapha
Yo soy, Dios tu sanador

Yo soy, Jehova Nizzi
Yo soy, yo peleo tus batallas

Yo soy, Jehova Shama
Yo soy tu Dios que está presente

Yo soy, Jehova Jirreh
Yo soy, Dios tu proveedor

Coro

Creo que hay personas que han pasado un recurso de la vida incógnito porque fueron una vez expuestos y pasaron toda una vida tratando de encubrirlo porque su sonrisa no es real, su fuerza se infla, y da a la gente una impresión de lo que no son.

Ser expuesto no es para que usted sea humillado. La exposición es una oportunidad para ver la fuente de nuestro descontento y guiarnos hacia la búsqueda de una decisión responsable. Lo que una vez estaba oculto en la oscuridad de la superficie dura creado por la vida, ahora ha sido revelado. Una de las cosas que he mencionado antes, es que no podemos ser el terreno y la herramienta al mismo tiempo. Para llegar al lugar que Dios ha puesto delante de nosotros, tenemos que liberar y fielmente descansar en la paz de su presencia. Exposición entonces sólo ocurrirá cuando permitimos que el que tiene las herramientas, trabaje camino a la fuente del problema, aunque duela.

Compartí con la congregación, que cuando estamos expuestos, es una oportunidad para entrar en el plan de Dios para nuestras vidas. El diablo solo tiene poder sobre usted cuando él puede controlar su mente; **te mantienen encerrado en el temor de lo que y sí**; Usted regala su poder personal como hijo de Dios cuando usted no puede entender quién es y quién está dentro de usted. Usted regala su poder personal y vida, una vida cubierta, escondiéndose detrás de la cicatriz del asfalto. Usted ha construido un imperio para encubrir su vergüenza e inseguridad. Dios nos diciendo a nosotros en nuestra exposición, que Él está con nosotros, no exponiéndonos para que podamos quedarnos bien abiertos, pero para que podamos comenzar a brillar, reflejando el propósito de nuestra creación

Esta jornada me ha ayudado a ver y luego compartir con otros, que la ruptura de nuestro terreno sirve al propósito que Dios, nos cambia para llevarnos de donde estamos, desde el agujero en donde nos encontramos, al lugar que Dios quiere que de verdad que estemos.

Cuando Dios es el constructor de nuestra casa le damos permiso para romper el terreno, levante las rocas y deseche el equipaje pesado que nos mantiene abajo. Por experiencia personal, es un hecho que la verdadera exposición conduce a la vulnerabilidad, pero también deja claro el camino hacia nuestro potencial y propósito. Este es el lugar donde la respuesta comienza a revelarse de "¿quién soy yo?" "¿Cuál es mi propósito?" Este es el lugar donde Dios habla a nuestro espíritu para hacernos saber el trabajo que realmente quiere hacer en nosotros; requiere una nueva fundación y si estamos en serio, el trabajo no será en vano.

Construcción y Moldear Fase II

"Te amo" Una expresión que se utiliza mucho hoy en día y todavía es entendida pocos. Recuerdo como niña que esto no era una expresión establecida en el hogar. Oh mis padres nos amaban y harían casi cualquier cosa para nosotros. Ellos demostraban su amor para con nosotros a través de las cosas hechas y no las cosas dichas. No me malinterpretes; no se pagaron a través de subsidios; es decir, no conseguíamos lo que queríamos ni siquiera si llorábamos ni nada de eso. Era la forma en que les importábamos; la disciplina que mostraban nos hiciera saber que nos querían. Sin embargo, por alguna razón necesitaba más. Necesitaba oír las palabras. Yo no las decía, pero tenía que escucharlas. Como una niña que crecía, yo no entendía por qué era importante. Honestamente, es ahora, después de que Dios me revela el dolor de mi propósito, lo entiendo. Yo entiendo que si fui molestada tan temprano en la vida, tener a mis padres que me dijeran que me amaban era muy importante. Yo no lo entendía antes, pero ahora sí.

Recuerdo que el momento que se rompió el hielo había un cambio. Yo no era una niña, ahora era una adulta y mi madre tomó el primer paso. Sus padres no se lo decían a sus hijos. De hecho tampoco lo hizo mi padre. Ellos estaban perpetuando lo que aprendieron en su niñez. Pero un día mamá decidió que quería que sus hijos no sólo supieran pero escucharan las palabras "te amo" en voz alta y clara. Lo admito, era incómodo al principio, pero con el tiempo tenía ganas de hablar con ella porque ella siempre decía: "Te amo bebé." En esta área mi padre lo dice en temporadas, "Te amo", pero por lo menos él se atrevió a dar el paso de fe. Bendice su corazón.

Tengo que decir; escuchar esas palabras, sin saberlo, comenzó una jornada hacia una sanidad en mí que yo no podía ver antes. El amor siempre estuvo allí, no sólo el de mis padres y la familia, sino también el amor de Dios. Extrañaba ver a este amor por tanto esta ansia que en consecuencia, me dejó en un lugar de nostalgia. Mi rompe tierra, mi tormenta perfecta me ayudó a retroceder hacia una fundación que conocía, pero pase por alto.

Paz

¿Sabías que para que la fundación se establezca y la construcción empiece, el terreno debe alcanzar un cierto nivel de solución? Déjeme explicar. Mientras observaba el proceso de romper el terreno, la colocación de las tuberías y el preparamiento para echar el concreto nuevo, hubo un período de unas pocas semanas en el que todos los trabajadores solo echaban tierra, la aplastaron así abajo y la dejaron para que se estableciera. Una vez que el polvo se asentó y el suelo estaba listo para ser trabajado, volvieron a poner el concreto. Este proceso evita que el temprano vaciado del concreto que luego dará pasó porque las áreas con las bolsas de aire no fueron trabajadas. Mientras meditaba ese proceso, Dios me reveló el proceso que cada uno de nosotros atravesamos o tenemos que atravesar mientras Él construye nuestra casa.

Filipenses 4: 6-7 dice:

"Por nada estéis afanosos, sino en toda oración y ruego, con acción de gracias, sean dadas a conocer vuestras peticiones delante de Dios; 7 Y la paz de Dios, que sobrepasa todo entendimiento, guardará vuestros corazones y vuestros pensamientos en Cristo Jesús".

Una de las grandes lecciones de la vida que compartiría mientras entendí lo que estaba ocurriendo fuera y en mi propia vida personal, es que la fundación no se sentó y la construcción no comenzará hasta que las bolsas de aire hayan sido expulsadas. Ellas serán expulsadas por la fuerza o dándole tiempo. No importa de cómo se empujen hacia fuera, las dos fuerzas opuestas están en el trabajo, la ansiedad y la paz, y que son los que tienen el poder de determinar quién va a ganar.

Hubo muchas veces que me encontré a mí misma como mujer, madre, y pastora, lista para que Dios construya. Yo le decía a Él, aquí estoy, constrúyeme o envíame. En medio de mis ataques, en medio de mis pruebas, yo le decía que me enviara. ¿Sabe usted que Dios no le enviará mientras tiene bolsas de aire? Él está listo para construir, ansioso por hacer su trabajo en su vida y la mía, pero él no puede, no va a hacer lo que quiere hasta que los bolsillos sean expulsados. Sé que estás leyendo y diciendo, ¿qué? Que lo que está hablando?

Quería que Dios arreglara mi situación, construyera mi hogar tanto que pensé que lo mejor que podía hacer era darle una mano. ¡Incorrecto! Él no me necesito cuando él me formó en el vientre de mi madre y él definitivamente no me necesita ahora. Pensé que si Dios estaba construyendo mi casa, entonces tenía que verse de una manera determinada o de otro modo seria juzgada. Chistoso, esto es algo que pensé que había dejado antes, pero como las pequeñas cosas de la vida se convirtieron en cosas grandes, me di cuenta cada vez más que el orgullo era un gran problema para mí, como era el control. Quería controlar como mi hogar se vería, porque si lo lograba, entonces yo tendría la casa de la pastora perfecta. Mi familia, mi hija y yo, nos veríamos y actuaríamos de la manera del modelo de ejemplo para el mundo. Bueno, gran error. En primer lugar, yo no sabía que parecía la forma de modelo. En segundo lugar, cuanto más trataba de convertirme en algo para lo que no tenía ni definición, más el infierno se desató en mi casa.

Consideremos este escenario, el terreno que me cubría todos estos años se ha desgarrado. Ahora estoy expuesta, transparente para el espectador. Lo único que tengo para aferrarme que pensé que era privado es mi familia, y aun así está siendo desafiado. Antes con el concreto encima de esto, los retos estaban allí, pero yo estaba en un modo de control fatídico. Ahora no hay concreto, mi hija adolescente es ahora una adulta; Se espera que yo sea un ejemplo para la congregación. Se espera que yo les diga lo que se parece es un hogar piadoso. Se espera que yo ore sanidad sobre sus familias. Nadie tenía una indirecta en el núcleo de mi dolor. Hubo momentos en que contemplé las cosas que no me atreví expresar, porque no quería darles vida. Mi vida, justo antes que la fundación fue puesta fue un infierno en la tierra.

Mi padre decía, el punto más oscuro es justo antes del amanecer. Sabía que estos eran los ataques del enemigo en mi hogar, la familia, el ministerio y mi vida. Yo sabía que él estaba mirando a ver cómo él podía arrancarme y arrástrame lejos. Este fue el momento en donde lo que Jesús le dijo a Simón se aplicaba a mí, dijo, Satanás había pedido para él para tamizar el trigo, pero que ya había orado por él. Este fue mi momento de aferrarme a la oración de Jesús, porque nadie más entendió mi dolor, como El. Nadie entendió mi herida, como El. Estaba encerrada lejos, viviendo en una cueva, salía para predicar, enseñar, y comer. Yo me ponía una sonrisa y cuando llegaba a la casa me la quitaba. Se suponía que debía estar en el proceso de construcción, en vez estaba en una etapa de preparación con cólicos hacia la construcción.

Si alguna vez ha tenido cólicos, es una etapa donde tienes gases malos y cada parte de su cuerpo duele. No hay alivio de esto, literalmente tú se sientes que vas a morir. Aunque nunca he tenido esta experiencia, es como pasar las piedras para aquellos que sufren de cálculos biliares. Es un proceso doloroso.

Este es un lugar agridulce porque el dolor es tan grande. Es un dolor que es mayor que tener las antiguas raíces de los árboles retirados. Es un dolor que es mayor que la denegación de su inocencia cuando eres un niño y no puede hacer nada al respecto. Usted no sabe cómo defenderse y usted está en el dolor. Este dolor es tan grande debido a que busca, literalmente, la muerte, la muerte de una relación, lo que podría ser su familia, su cónyuge, sus hijos, sus finanzas, su salud o algo que en su rostro es querido. Usted está mirando a la cara y con ganas de desafiarlo. Usted desea tomar el toro por los cuernos y decir que no. Usted no va a destruir mi matrimonio, mi familia, mi salud, mis hijos, mis finanzas, o lo que sea. Tú eres fuerte. Usted es un luchador que está diciendo no! Usted ejercita su autoridad como padre, como un líder espiritual o simplemente alguien que conoce la palabra. Se les ha enseñado a hacer eso y eso es lo que ahora enseña. Usted está practicando su propia enseñanza. ¿Qué hace usted cuando hace todas las cosas lógicas correctas y nada parece funcionar? ¿Cómo se pone de pie en el púlpito sintiéndose derrotado y actuando fuerte?

Mi mayor dolor era en no saber cómo rescatar a mi hija de su jornada de descubrimiento. Mi mayor dolor era en no confiar en Dios que, aunque esta jornada no era la que me gustaría para ella, era una que no podría pelear por ella, iba a tener que dejarlo ir y dejárselo a Él. Mi mayor dolor era en ser tan fuerte pero tan débil. Recuerdo las largas noches de lágrimas y preocupaciones por ella. Sólo quería volver a los días en que ella dejaría su habitación, si, aun a los 19 años, donde gateaba hacia mi cama y yo la abrazaba hasta que se durmiera. Quería protegerla tato que la protegía de ella misma. Yo confiaba en Dios, pero confiaba yo suficientemente para dejársela a Él? ¿Confía en Dios lo suficiente para dejar tu situación en sus manos?

Era un domingo por la tarde, había tenido una larga semana con muy poco tiempo para dormir y que culminó en un sábado por la noche de horas largas de lágrimas debido a las tensiones de todo lo que sucede en mi vida. La supresión silenciosa de emociones se derramo. Esto resultó en ojos negros y azules. Tuve que usar maquillaje a la iglesia el día siguiente. Llegó el domingo, me fui, y Dios entregó su palabra. Yo era y sigo siendo sólo un vaso. Tras el servicio, fui a cenar con uno de mis antiguos alumnos. Dios me posiciono. Él me hizo llorar mi última lágrima de ansiedad para mi hija la noche anterior. ¿Sabes que Dios puede posicionarte? No se pierda, una cita divina podría cambiar su vida. Dios me permitió tener una cena con esta joven que compartió su historia en la medida en que tuve una epifanía, una revelación a donde estaba mi hija y lo que tenía que hacer. El gran dolor que cargaba por meses fue levantado. Yo vi como Dios quería construir una casa, no traicionar que desafiaba el razonamiento de como una casa pastoral debe verse y conectarme con personas reales que pueden entender que tú no alcanzas tu propósito sin experimentar ese primer dolor. Yo podría y puedo ministrarle no a las personas perfectas allá fuera, pero a las personas como yo que tienen cargas pero cuya casa Dios está construyendo.

Dios, Él me tiene en este lugar de cambio y transformación, me está recordando que cómo manejo las bendiciones que derrama en mí, debe basarse en El. Es chistoso, yo siempre pensé que estaba haciendo eso. Siempre he pensado que las cosas que hice, bendiciendo a la gente y dejándome a mí misma sin nada, era lo que Él quería. En mi reflexión veo que Él era el enlace que faltaba, Wow! Como sucedió esto? Es difícil de comprender, hasta para un siervo de Dios, pero es fácil de entender cuando Él te pone en pausa para reflexionar. Jesús! Ahora veo lo ocupada que estaba haciendo en lugar de ser. Yo estaba ocupado haciendo bien, ayudando el mundo para bien, y haciendo las cosas buenas por los demás. No me detuve lo suficiente como para ser. No me detuve lo suficiente para permitir a Dios que realmente me envuelva en sus brazos y lo deje guiar mis pasos en cada área de mi vida. Cuando me llamó al ministerio no fue por el producto terminado, pero el potencial de la promesa que había en mí. Él me conocía y me ordeno antes de que fuera concebida pero tenía que tomar la suciedad fuera de mí para que el pudiera ser la fuerza sobre la que descansaría. Él me hizo y necesitaba que yo me relajara lo suficiente para poder recuperar los volantes de mi vida. Él debe guiar cada pedacito de mí. Wow! Os digo que a medida que lee, vale la pena evaluar cuánto de usted está dirigido por usted y su ego? ¿Estás tan atascados en "su" misión ", su" agenda que usted ha puesto a Dios en espera hasta que lo tengas todo resuelto? Si Dios no se convierte en la roca subyacente en su cada situación, cuando la tormenta venga, sacudirá tu mundo. En Jamaica tienen un dicho: "me pagan ahora o me paguen después". En otras palabras, dale a Dios su ahora o dáselo después, pero lo que es de El lo recibirá. Ir por voluntad o ir pateando, cuando hay un llamado en tu vida, tú en todos tus logros no podrás sobrepujar a Dios. Usted no puede sobrepujar, sobre hacer, sobre amar, sobre servir, sobre dar, sobre nada. Dios es Dios !!!! Wow!

En todo esto descubrí que para que la construcción comience, tiene que haber un alto grado de paz interior. Yo no estoy hablando de la paz que te viste en tu ropa o detrás de las joyas y el maquillaje caro. Yo no estoy hablando de la paz que una comida de lujo te podría conseguir y después dejar de comer. La paz que me refiero es la que se menciona en el texto anterior de Filipenses, donde la ansiedad se reemplaza con el tipo de paz que regula nuestros corazones y mentes. Sinceramente, no sé lo que era hasta que tuve esa conversación con mi ex alumno y entonces levantarme de mis rodillas después de una oración intensa que una madre puede tener. Sentí que Dios me ministraba diciendo "tu trabajo es amar, mi trabajo es cuidar de ella." Fue tan claro que finalmente descansé. El ambiente en mi casa cambió ese momento. Mi perspectiva de la vida y nuestra relación, dio un giro de 180 ese día. En la calma y la serenidad compartí con ella donde estaba y me alejé. Cuando ella pensó que yo iba a ser el padre de mano dura que había sido en el pasado, ella en cambio se encontró con un "Nina" que sólo quería amarla.

Para ustedes mis lectores, os animo esto, no trate de iniciar la construcción a menos que haya alcanzado el nivel de la paz que estoy describiendo. Usted estaría construyendo su casa sobre arena movediza y con el más mínimo movimiento comenzará a hundirse. Confieso, con todos mis elogios, con toda mi preparación y las innumerables personas que he ayudado a través de los años, nunca he encontrado a mí misma en este lugar donde la paz está más allá de mí. Hablaré más en alcanzar un nivel de paz en las Lecciones Aprendidas de la Fase IV. Hay muchas más áreas en mi vida que han sido afectadas positivamente sólo porque tomé la oportunidad de confiar en Dios verdaderamente en "todo".

La Roca Subyacente

Prediqué un sermón una vez hablando de las raíces de la palmera y la raíz de jengibre. Me concentré en la complejidad de las raíces en que su estabilidad, está en la forma en que están ancladas en rocas subyacentes. Palmeras por ejemplo, son capaces de soportar el clima más brutal y permanecer de pie. Se mecen y se doblan pero rara vez o nunca se caen. Su resistencia se atribuye al apoyo que tienen con la roca. En Lucas 7: 46-49 NVI Jesús dice:

> Y por qué me llamáis: "Señor, Señor", y no hacéis lo que yo digo?

> *47 Todo el que viene a mí y oye mis palabras y las pone en práctica, os mostraré a quién es semejante: 48 es semejante a un hombre que al edificar una casa, cavó hondo y echó cimiento sobre la roca; y cuando vino una inundación, el torrente rompió contra aquella casa, pero no pudo moverla porque había sido bien construida.49 Pero el que ha oído y no ha hecho nada, es semejante a un hombre que edificó una casa sobre tierra, sin echar cimiento; y el torrente rompió contra ella y al instante se desplomó, y fue grande la ruina de aquella casa.*

Como me he propuesto a mí misma más en la comprensión del texto del Salmo 127: 1, la esencia de este libro, lo que Jesús dice en Lucas es más claro. Pasamos toda la vida, a veces tratando de establecernos en una base tan firme. Nuestros padres trabajaron duro y por eso trabajan duro, con un enfoque en dejar un legado para sus hijos, a nuestros hijos por venir. No hay nada malo con ese concepto, excepto cuando se está fuera de lugar. Una comprensión equivocada de cimientos de los edificios puede causar que el hombre sea glorificado y Dios un último pensamiento. Lo que quiero decir con esto es, alguna vez se preguntado por qué hay tanta personas insatisfecha? ¿Alguna vez hemos preguntado por qué tantos con mucho están insatisfechos? Ambos extremos del espectro están constantemente buscando que "el factor que" que parece no tener un nombre. Lamentablemente, me dirijo a los que van a la iglesia y a los que no van también.

Es un término equivocado creer que porque una persona va a la iglesia y adora a Dios, sus vidas están cumplidas. Si ese fuera el caso ¿por qué tantos constantemente "se alejan" de Dios para encontrar la felicidad y luego regresaran cuando sus vidas están en ruinas o que quieren que otros vean lo que han logrado. Resulta que al final de su día, todavía están descontentos e insatisfechos por el ciclo de infidelidad que continua.

El texto de Lucas, revela un punto clave que a menudo he pasado por alto hasta ahora. Con el fin de Dios para construir verdaderamente nuestra casa, mi casa, no puedo confiar en el fundamento de los principios que he heredado de mis padres. Han pasado un excelente legado en mi humilde opinión. Sin embargo, eso no es lo que Dios quiere, que dependamos de esto. Jesús señala en Lucas, que la fundación debe ser puesta sobre la "roca subyacente". Para mí, eso fue un "momento de ya capte", como nunca antes lo he visto. Muchas personas construyen casas fabulosas, grandes familias, las casas bonitas, trabajos increíbles y lo que sea, pero son infelices. Al evaluar su fundamento, no estaba fundada sobre una roca subyacente. Hoy en día, se puede mover una casa y reubicarla en una calle o en otro estado. La pregunta sigue siendo, ¿qué es lo que se está poniendo encima? Yo antes le decía a la gente que me decían que querían mudarse y empezar su vida de nuevo, que mudarse es bueno, pero resuelvan sus problemas antes de irse, de otra manera es solo geografía. Los mismos problemas que tenían en un solo lugar, irán con ellos a la otra ubicación. El viaje no es el problema, la reubicación no es el problema, y la pregunta a responder es ¿en que se basan sus decisiones? ¿Cuál será la determinación subyacente para apoyar la decisión o el traslado?

Entre más entiendo el texto que impulsa este libro, mayor es la claridad que tengo de lo que Dios está buscando en mí y en todos nosotros. Él quiere ser mi roca subyacente. Él quiere ser el único sobre el cual yo pongo mi existencia. No es asómbrate que muchas de las experiencias que he pasado, se han encontrado con grandes piedras en el camino. Tuve y todavía tengo grandes principios, sin embargo, no todo ha descansado en la roca subyacente, hasta ahora.

Al reflexionar sobre los testimonios compartidos en este libro y el viaje que Dios tiene conmigo, yo digo, transparente, no busque una solución rápida para hacerlo bien. Este libro, esta inspiración que Dios ha depositado en mí, es para recordarme y recordarles que Salmos 127: 1 debe ser tomado en serio en todo lo que hacemos. Es un viaje de descubrimiento. Es un viaje de dolor por la ganancia. El dolor de haber enseñado lo correcto, sin embargo haciendo el mal, solo para enseñarnos del mal, para ganar su equilibrio en el camino que Dios quiso inicialmente para tu caminar. Cuando Dios está construyendo su casa Él no tiene espacio para nada debajo de su fundación, pero él.

Reflexiono al trabajo que se está haciendo fuera de mi casa. Todo lo que estaba debajo de la tierra, las viejas raíces, el dolor del pasado, tuvo que ser desenterrado para que nuevos caminos se establezcan. Lo poco que compartí sobre mi vida, las cosas ocultas que no he compartido con nadie, hasta ahora, estaba escondido porque estaba avergonzada y temerosa de hablar. Estaba tan privada, que no tenía espacio para dejar entrar a nadie, ni siquiera a Dios. ¿Sabía usted que esas son las cosas que se arrastran en su banco de memoria, sin darse cuenta que te detiene sin poder moverse hacia delante? Recuerdo que en algunos de mis momentos bajos, yo caería en un estado depresivo, y cuestione por qué estas cosas y otras cosas me han pasado a mí? ¿Qué he hecho para merecer esos tratamientos? Mi familia es grande, mi vida es genial, y recibí amor en todo momento, así que por qué? Yo tenía un montón de sentimientos reprimidos creciendo y mi autoestima estaba muy baja. Esta jornada me ha enseñado y sigue enseñándome que la fundación es igual de fuerte a la roca subyacente para reposar. Ahora lo entiendo.

Me encanta la canción de Israel Houghton "Jesús en el centro". De acuerdo a un artículo que encontré en el Internet, "en las prácticas antiguas de construcción, la piedra angular era la piedra principal colocado en la esquina del edificio. La piedra angular era por lo general una de la más grandes, de las más sólidas, y la más cuidadosa, construida que en cualquier otro edificio. Jesús se describe a sí mismo como la piedra angular para su iglesia que se construye sobre un cuerpo unificado de creyentes, tanto judíos como gentiles. "En esencia, sin la piedra angular, la fundación, no importando que elaborada estaba, no sería capaz de soportar. Amo al Señor, pero cuando miro hacia atrás, confieso que desesperadamente necesitaba que el fuera la piedra angular de mi vida, pero a causa del temor lo mantuve a lejos. Yo adoraba, yo ayunaba, oraba y me atrevería a decir que Jesús era todo lo que yo necesitaba. No lo había hecho hasta ahora; darle pleno acceso a todo lo que soy. Yo estaba construyendo mi casa, pero no en una base firme. Debo decir que hay tal cambio de cuando canté esa canción antes y cuando la canto ahora. Cuando Él se convierte en su piedra angular principal, todo está bien. Usted podría estar en el medio de una tormenta y todo está bien. Usted podría estar en su tiempo más bajo emocionalmente y está bien. Entendiendo que la roca subyacente es para mí, saber que el papel que Jesús debe desempeñar en su vida es para que usted esté parado. Wow! ¡Amén!

El fundamento de mi ministerio no fue basaba en el edificio en el cual fui incubada pero en la roca en donde me pusieron. Me tomó mucho tiempo para entender que Dios no me puso en la iglesia donde pastoreaba para encontrar un lugar de descanso, pero para encontrarlo a Él! Permítanme decirlo de esta manera. Muchas gente, especialmente, los jóvenes ministros, incluyéndome a mí, creemos que la historia de un edificio particular o iglesia, es lo que se necesita para establecerte a ti para lo que Dios te ha llamado a ser. ¡No! Dios no nos llamó a un edificio construido por el hombre o un pulpito que le pertenece a hombre. Él nos llama a una gracia de servicio que dondequiera que Él nos coloca, Él es la plataforma y Él es el púlpito. Dios mío! Si el Señor no construye la casa, no importa donde se encuentre, un edificio de uno o un edificio de un millón; como el mensaje dice en la Biblia, solo estamos construyendo chozas. El ministerio no crecerá, al menos no espiritualmente bajo la unción del Espíritu Santo. La gloria de Dios no va a llenar el santuario. Su gloria no brillará a través de su ministerio. Esa roca subyacente era la pieza que faltaba que Dios necesitaba mostrarme pero yo tenía que pasar por eso para poder crecer.

He mencionado antes que mi hija, "mi mama" me estaba mirando, así que quería ser más como Jesús en todo lo que yo hice. Estaba tan deseosa de proveer el mejor ambiente piadoso para ella, que me perdí el punto de que la única manera de darle lo que yo pensaba que ella necesitaba, era salir del camino y permitir que Dios sane su quebrantamiento. Erróneamente traté de poner mi fundación de "madre" sobre su concreto sólido que cubría una gran cantidad de raíces, que necesitaban ser desenterrada. Un día Dios me reveló que mi trabaja es amarla y su trabajo era corregirla, yo tuve una paz que cayó sobre mí. Comprendí que Dios estaba construyendo mi casa. No era la manera en que yo pensé que debería ser. No era la manera en que yo pensé que iba a sentir. Era exactamente la manera que Él había ordenado. Dios no nos promete un lecho de rosas cuando está trabajando en nosotros. Él no promete que todo va a ser perfecto en nuestros ojos. Sabemos sin embargo que "todas las cosas cooperan para el bien de los que son llamados conforme a su propósito." Ahora, eso tiene sentido. La casa está construida para Su propósito no el mío, ni la nuestra. No importa si usted es un pastor, presidente o una persona en la calle. Sí importa que confiemos en Dios lo suficiente como para dejar ir. Si él dice que lo tiene, Él lo tiene!

La roca subyacente para mí en mis finanzas era observar cómo Dios ha colocado mi prosperar con poco. Antes yo trabajaba y ganaba bien, pero nunca fui una buena administradora. Mi problema nunca fue el diezmo, fue un hecho, no estoy diciéndole no a los necesitados. Era buscando maneras de cómo hacer caminos para la gente. Aprendí que eso es bueno, pero ¿de qué manera lo he hecho para mi hija, mi familia y para mí? Me estoy dando cuenta que en esta área, muchos trabajan fuertes, tiene 401K, 403bs, seguros de vida y la lista continúa. Hay jubilación establecida y el estilo de vida lujosa, admirado y respetado por muchos. El reto que me he encontrado es que en esta jornada de establecer una base sólida; desde la que viven, muchos olvidan la roca subyacente. Algunos incluso no alcanzan la marca y toman derecho a la fama por no acreditar al que ofrece todas las cosas. Estaba leyendo sobre el rey Herodes Agripa en el Libro de los Hechos 12: 21-23 NVI.

Excepto el Señor

²¹ *El día señalado, Herodes, ataviado con su ropaje real y sentado en su trono, le dirigió un discurso al pueblo. 22 La gente gritaba: ¡Voz de un dios, no de hombre! 23 Al instante un ángel del Señor lo hirió, porque no le había dado la gloria a Dios; y Herodes murió comido de gusanos.*

Agripa cometió el error que muchos hacen hoy en día, tomar la gloria para ellos y olvidarse de la persona que los puso allí en el primer lugar. Nunca acepte la adoración de la gente! Nunca acepte elogios de la gente. Hay demasiada gente que son apegada, y su amor es hasta que tu falles. Ellos están con usted durante la temporada, ellos te ofrecen un tierno adiós. La adoración y la alabanza es su ofrenda a Dios. Agripa llegó a ser consumido de gusanos debido a la alabanza mal dirigida. Cuando enseño a los estudiantes en mi programa "Envíame a Mí" yo siempre les digo, que independientemente de la alabanza que le gente te da a ti, entrégasela a Dios. No tomes ningún crédito para tí mismo. Me siento muy humillada, porque veo cómo Dios ha puesto en mí el deseo de hacer grandes hazañas para Él, pero con un carácter para saber que no puedo sin él. Estoy en un lugar increíble en mi vida donde estoy haciendo aún más con menos de lo que hacía cuando tenía mucho.

La comprensión de la fundación es primeramente tener paz y luego la roca subyacente realmente ayuda a formar propósito. Dicen que se puede decir mucho de una persona por la forma en que se viste. El reto es que he conocido a mucha gente con el atuendo más caro, maquillaje impecable, y sin embargo están decayendo internamente. Ellos son en cierto modo, lo que Jesús llama "sepulcros encaladas." Ellos dicen no juzgue un libro por su portada, sin embargo, es la cubierta que se supone que te atraiga, que te de interés en querer saber más. Ironía! La vida continúa enseñándome el valor de no sólo la cubierta, sino también el contenido. Como la esencia de este libro, si

Dios no es el constructor de mí ser entonces sólo voy a mirar la parte. Si Dios no es el constructor de mi casa no habrá paz y no habrá roca subyacente. Si Dios no es el constructor de mi todo, mi servicio para él será el estruendo de instrumentos que no hacen ruido significativo. Creo que es lo que Pablo en el libro de Corintios se refiere en términos de la adoración sin fundamento, un "platillo metal que resuena y tintineante."

Ahora que el fundamento de esta etapa de mi vida se ha puesto sobre la roca subyacente y hay paz en mi propósito, tengo que tomar decisiones importantes. Usted ve que llega un punto en nuestro caminar donde Dios nos hace cargo y espera que nosotros tomemos decisiones por sí mismo. Ahora bien, estas decisiones ya no serán decisiones que nos agradan pero que traerán gloria al padre. En el libro de los Salmos 37: 4 NVI

Deléitate en el Señor, y Él te concederá las peticiones de tu corazón

En otras palabras, cuando se pone a Dios primero en todo lo que hace. Cuando tus pensamientos están alineados con los de Él, tus deseos están alineados con los de El, entonces y sólo entonces recibirá lo que él quiere darte. Tus motivos no están puestos sobre tu ego, sino en su gloria. Usted no quiere cosas que va a entristecer al Espíritu Santo. En lugar, usted deseara cosas que son buenas, cosas que son encantadoras. Si, tus deseos en realidad se convertirán como los deseos de Él. Muchos malentienden eso y tratan de decirle a Dios que ha dicho y citan escritura por escritura, pero cuando te registras, el motivo no era acerca de Dios, sino de sí mismos. Si se mira más allá, ellos no están construyendo sobre La Roca. Dios no es la piedra angular de su casa. No es la roca subyacente de su existencia. Eso es como si voy a KFC y quiero un Big Mac. KFC no se especializa en Big

Macs pero estoy tomando una decisión que quiero volver a escribir el propósito de KFC para mi bien. Quiero que KFC se ajuste a mí y no al revés. Dios no se ajustará a mí ni a usted! Él es Dios! Si Él no es la roca subyacente, entonces no puedo querer de él lo que él quiere darme. Esto me lleva al equipamiento del hogar. Cuando caemos en la voluntad de Dios, entonces podemos estar seguros de que todo, desde las columnas a las ventanas, a la pintura y los muebles; que elegimos se centrará en darle a Dios la gloria.

Jesús en el Centro

Lance la bala de peso y disco en la escuela secundaria y en la universidad y más tarde me convertí en una entrenadora. Una de las cosas que me recuerdo, tanto como atleta y cuando entrené, fue la importancia de pasar por el centro del anillo. Usted podría ser el más fuerte en el campo o el más rápido, pero si estabas fuera del centro que viene a través del anillo, podría anticipar un mal tiro. Era importante mientras entraba el anillo encontrar el centro. El centro del anillo ayuda a que sepas dónde plantar la pierna pivote. Usted sabía que una vez de alcanzar ese punto había que acelerar su velocidad. Usted sabía que una vez que llega a ese punto, el poder del lanzamiento estaba en vuelo, una planta mala resulta a un mal tiro, pero una buena planta tenía el potencial de un tiro increíble. Mucho se libra en su posicionamiento una vez que sale de la parte trasera del anillo hacia el centro. Yo uso esta analogía cuando pienso en nuestra relación con Jesús. Mucho se libra en nuestro posicionamiento de El en nuestras vidas. Él no puede ser un pensamiento. Él no puede estar en el lado izquierdo o en la parte posterior. El poder de nuestro propósito recae sobre él estar en el centro.

En la construcción de un edificio, el centro se refiere a la columna principal. Cada edificio tiene una columna principal. Es la columna que se coloca en todo los demás. Sin ella, el edificio no se puede sostener. El techo descansa sobre la columna principal. Las paredes todas vienen de nuevo a la columna principal. Basándose en el tamaño del edificio, puede haber dos o tres columnas principales. En cualquier caso, no hay paredes, muebles de decoración, o lo que fuera sin ellos.

Volviendo a la canción de Israel Houghton, "Jesús en el Centro", nunca he conocido a un verdadero adorador que no tiene a Jesús en el centro. He conocido muchos talentos increíbles, que te hacen empezar, pero sin Jesús no hay unción. La gente confunde la emoción del momento con la presencia de Dios en la vida de alguien. Creo que aquí es donde perdemos la marca y esto es lo que el texto nos está diciendo. Si Dios no es el constructor, hasta del ministerio que Él te ha dado, tu emoción bendecirá y glorificara a vuestra carne pero tu hombre espiritual será hallado deseando. La emoción del momento hace que hasta el pecador se sienta bien y se olviden de que están viviendo en pecado. La palabra de Dios dice: "Los que me adoran a mí deben adorar en espíritu y en verdad." No se puede adorar en espíritu y definitivamente en verdad si usted está viviendo una mentira. Suena duro, pero seamos realistas. Si Dios está construyendo su casa, ¿cómo puede estar en fiesta toda la noche y después pararse en el púlpito y decir que levanten las manos todas, el diablo es una mentira.

En el Libro de los Jueces 16: 25-30 NVI, Sansón está en un estado débil que nos enseña el poder de la columna central.

[25] *Cuando ya estaban muy alegres, gritaron: «¡Saquen a Sansón para que nos divierta!» Así que sacaron a Sansón de la cárcel, y él les sirvió de diversión.*

Cuando lo pusieron de pie entre las columnas, [26] *Sansón le dijo al muchacho que lo llevaba de la mano: «Ponme donde pueda tocar las columnas que sostienen el templo, para que me pueda apoyar en ellas.»* [27] *En* ese momento el templo estaba lleno de hombres y mujeres; todos los jefes de los filisteos estaban allí, y en la parte alta había unos tres mil hombres y mujeres que se divertían a costa de Sansón. [28] Entonces Sansón oró al SEÑOR: «Oh soberano SEÑOR, acuérdate de mí. Oh Dios, te ruego que me fortalezcas sólo una vez más, y déjame de una vez por todas vengarme de los filisteos por haberme sacado los ojos.» [29] Luego Sansón palpó las dos columnas centrales que sostenían el templo y se apoyó contra ellas, la mano derecha sobre una y la izquierda sobre la otra. [30] Y gritó: ¡Muera yo junto con los filisteos!» Luego empujó con toda su fuerza, y el templo se vino abajo sobre los jefes y sobre toda la gente que estaba allí. Fueron muchos más los que Sansón mató al morir, que los que había matado mientras vivía.

Era tan crítico que lo colocaran entre esas columnas, ninguna otra columna serviría. La destrucción de los filisteos se basó en que lo colocaran entre esas dos columnas. De manera similar, la derrota del enemigo de nuestras almas se basa en que Jesús es el centro de nuestras vidas. No tenemos la fuerza personal para combatir al enemigo por nuestra cuenta. Pero Dios! Es su fuerza que es mayor y que sólo la experimentamos cuando Él es el centro. Nosotros sólo la experimentamos cuando Él es nuestro constructor y no nosotros mismos.

Sería tan fácil en este momento hablar en la teoría y resaltar todo lo que uno debe hacer en adelante, en fin de completar la construcción de la casa. Sería tan fácil investigar lo que los constructores hacen y hacer una fórmula para que usted siga un modelo para a vivir. Lamentablemente vivimos en una época pre empacada donde TODO está pre empacado. No muchos se toman el tiempo para invertir tiempo, la paciencia y la energía necesaria para ver que su plan tenga éxito. Después de una temporada tan impresionante de cambio en mi vida, me estoy moviendo a un ritmo intencional cauteloso. Isaías 40: 28-31 NVI

²⁸ ¿Acaso no lo sabes? ¿Acaso no te has enterado? El Señor es el Dios eterno, creador de los confines de la tierra. No se cansa ni se fatiga, y su inteligencia es insondable. ²⁹ Él fortalece al cansado y acrecienta las fuerzas del débil. ³⁰ Aun los jóvenes se cansan, se fatigan, y los muchachos tropiezan y caen; ³¹ pero los que confían en el renovarán sus fuerzas; volarán como las águilas: correrán y no se fatigarán, caminarán y no se cansarán.

Esa espera es a un ritmo de rendición. He sido culpable y he oído que otros dicen que esperaron en el Señor y no han oído hablar de él. Me pregunto acerca de esto a veces porque el Dios que servimos es fiel y su palabra dice él no nos niega ningún bien. Así que si estamos a la espera de Dios y El no ha echo tanto como batear un ojo, ¿es lo que pedimos o lo que él respondió, pero no es lo que queríamos? No me atrevo a dar una respuesta pero necesitamos evaluar este pensamiento. Si realmente queremos a Dios para construir, no ha dado El una respuesta, pero no estábamos satisfechos. Sabemos que NO, es una respuesta también. ¿Estamos de acuerdo que el acceso denegado podría ser que Dios nos está posicionando para su sí o acceso concedido? Creo que es motivo para un momento de pausa.

Lo que Dios me está revelando en este proceso y comparto con ustedes es que todo, hasta el color del cojín está inspirado en un pensamiento que viene de Él, cuando Él es el verdadero centro. Hasta cuando usted cree que es usted que lo estas escogiendo, haga una pausa para considerar quién la inspiró ir a esa tienda en ese día para conseguir ese descuento que a la vez le ahorra dinero.

En las áreas de ministerio, la familia, las relaciones, las finanzas y más, Dios ha tomado el centro del escenario. Esas cosas o personas que se trasladaron fuera de mi vida, no son los encuentros en esta nueva construcción. Mis columnas son diferentes al igual que las paredes, ventanas y muebles. Mi acercamiento a situaciones ha tomado una forma que no se parece nada a mí, hace algunos años. Cuando me paro a declarar la palabra de Dios no estoy segura de quién es esa persona. Estoy descansando sobre la roca subyacente y se siente increíble.

Comparto esto para alguien que lee, Dios no me dejaba soltarlo. Lázaro se acostaba en la tumba por cuatro días. Cuando Jesús lo resucitó de entre los muertos y lo llamó, un par de cosas tuvieron que suceder. Los hombres en el exterior, los que pusieron la piedra sobre la tumba, los consideran parte del obstáculo o un obstáculo para usted alcanzar su meta que tuvo que ser eliminado en el mandato de Jesús. Sabía usted que Dios usaría los mismos que te bloqueaban para bendecirte? Cuando Lázaro salió, Jesús les dijo que le quiten las envolturas. ¿Por qué es esto importante? Esos envoltorios eran un obstáculo para su movimiento hacia adelante. Eran ropas muertas, peso muerto, y cosas del pasado. Eran las cosas que fueron enterradas bajo el concreto y ahora que está abierto y que están expuestos tienen que ser desarraigados. Cuando su casa está fundada sobre la Roca, sus decisiones sobre las columnas y los accesorios te moverán lejos de las ropas de cementerio.

Mi padre espiritual lejano, el obispo TD Jakes dio una enseñanza una vez en el liderazgo y ha pesado mucho sobre cómo ahora me opero en el ministerio y en la vida. Habló de tres grupos de personas: los confidentes, Constituyentes y camaradas. Los confidentes están en ese pequeño círculo que todos tenemos. Ellos están con usted, independientemente de su situación, usted puede contar con ellos. Ellos le dirán que está mal y te aman igual. Ellos son honestos y no están interesados en impresionar o estar impresionando. En segundo lugar, los constituyentes, son los que están con usted, porque usted va en la misma dirección, pero no necesariamente con usted. Si la tormenta da el golpe, como lo hizo conmigo, ellos pueden abandonar el barco a otro, para llegar a donde van. Para ellos no es nada personal, nunca estuvieron con "usted". Por último, los camaradas están con usted, porque usted comparte un enemigo común. Lo que pasa con los camaradas es una vez que el enemigo se ha ido; se pondrán contra ti rápidamente. Cuando vi esto de nuevo después de mi tormenta, gané una gran paz. Cuando usted pone las cosas y las personas en su lugar que le corresponde, nunca serán heridos, molestado sí, pero no herido.

El reto de seguir adelante mientras su casa nueva está siendo construido, ¿cómo decides cual grupo es cual en su vida personal, en su casa, en su ministerio y en el trabajo? ¿Cómo tomar decisiones clave en las particiones de su hogar y donde las cosas irán en adelante? La respuesta es simple. Deja a Dios que construya. Deja que Dios guie. Deja que Dios este en el lugar que le corresponde, centro de todo.

Mi artículo central es una sed de más de Dios. Jesús dice en Juan 17:22 NVI

"22 Yo les he dado la gloria que tú me diste, para que sean uno como nosotros somos uno"

Estoy tan hambrienta de más de Su gloria. Tengo sed con una sed insaciable de más de Él. He visto cómo, aunque poco a poco, todo está cayendo en su lugar no como lo que yo hubiera pensado, pero como Dios lo ha diseñado. La fe de que carece el espectador podría no ver la mano de Dios, pero cuando miro hacia atrás y veo de donde Dios me ha traído y miro adelante sé que él tiene un plan para mi vida digo gracias. Usted debe tratar esto. Deje de permitir que su pasado consuma su presente. Dios tiene nuevas columnas almacenadas para cada uno de ustedes, pero Él tiene que ser la roca subyacente para que realmente te pueda bendecir.

En 2014 yo estaba en la República Dominicana en una Conferencia de Oración que aloje allí y me quede en la casa de uno de los Pastores, tremenda mujer de Dios. Una noche después del servicio, el Señor no había terminado y estábamos alabándolo. Él habló una palabra para ella que confirmó un mensaje que prediqué en Guatemala hace unos años, "No desprecies los principios pequeños". Para aquellos que no están familiarizados con esta escritura, se trata del libro de Zacarías 4:10 NVI

> *10 Cuando vean la plomada en las manos de Zorobabel, se alegrarán los que menospreciaron los días de los modestos comienzos. ¡Éstos son los siete ojos del SEÑOR, que recorren toda la tierra!*

Los niños mayores de Israel que estaban familiarizados con el gran templo construido por el rey Salomón, fueron desanimados tras el cautiverio en Babilonia, cuando Dios les dio instrucciones para reconstruir el templo de Jerusalén. Su visión estaba en lo que fue y no lo que Dios iba a hacer. En un punto hasta abandonaron el trabajo para centrarse en sus propias vidas y Dios les envió una palabra. ¿Sabía usted que cuando Dios te da una directiva y coge un desvío, Él envía una palabra. En la traducción King James, el texto no hace una pregunta, pero da una orden: "No desprecies los días de pequeños comienzos..." No importa cómo se ve para nosotros, cuando se conecta con la gloria de Dios grandes cosas puede pasar. El siervo de Elija vio la nube del tamaño de la mano de un hombre y Elija se atrevió a declarar la abundancia de lluvia.

Lo que ella compartió era que Dios iba a usar pequeños comienzos para hacer una gran obra a través de mí. Mi quebrantamiento como ella compartió, fue que no sólo se basaba en donde yo estaba en mi espíritu, pero me dio fuerzas para pararme aún más alta en el centro de mi tormenta. A veces, debido a nuestra naturaleza y querer cosas grandiosas en el inicio, perdemos la bendición de los pequeños comienzos.

Recuerdo escuchar una vez escuchar a Dra., Juanita Bynum dar su testimonio de las pruebas que ha experimentado en la vida y cómo Dios la llevó a través. En sus momentos de soledad y el sentir de abandono, Dios estaba con ella. Esto realmente me impactó porque la larga temporada de donde yo salí Dios me estaba preparando para entrar en este siguiente nivel de gloria, pero fue doloroso.

Abrace la realidad de que no todo el mundo o las cosas en tu vida merecen una invitación a unirse contigo en el próximo nivel. Entonces se convierte en un despojo que es involuntario porque en mi caso, desea la voluntad de Dios. Sin embargo, es involuntaria porque Su voluntad significa que Él decide quién se queda y quién se va. Como ya he dicho en otro lugar, Dios ha quitado las personas y las relaciones de mi vida. El centro de atención y la luz esta prendida y de repente, como en un cuarto oscuro cuando la luz se enciende, todo / uno se dispersa. Estoy hablando de aquellos que te abrazan, besan, te dicen te amo se acaban de dispersar. Hubo un cambio en mi tiempo en cómo y dónde lo iba a gastar. Fue doloroso pero necesario. Ahora estoy en un lugar de tanta paz. Estoy en un lugar que no se puede inventar ni soñar, hay que pasar por el para entender.

Artefacto # 5

Espera

Es tan fácil de abrir el catálogo de la vida de alguien y buscar por respuestas a su situación. Es fácil querer sentarse debajo de alguien para conseguir una solución temporal a su problema de largo plazo. Es tan fácil de ver el resultado de otra persona y codiciar para ti mismo. Eso es un pecado por cierto! Un espíritu codicioso nunca nos puede acercar más a Dios. En palabras de la Dr. Juanita Bynum, "No me importa esperar"

"Tú, sabes, a veces en la vida, situaciones que van a ocurrir donde usted puede mirar a la izquierda o a la derecha y usted no puede encontrar respuestas, y no se puede encontrar a alguien para ayudarle, pero me recuerda a la Palabra que dice que los que esperan al Señor tendrán nuevas fuerzas. Se remontarán con alas como las águilas. Correrán y no se cansarán. Caminarán y no se fatigarán. Vamos. Tienes que aprender a esperar."

No me importa esperar.
No me importa esperar.
No me importa esperar, en Ti Señor.
No me importa esperar.
No me importa esperar.
No me importa esperar, en Ti Señor.

Cuando Dios comienza a darse cuenta de Su propósito en nuestras vidas y hemos establecido que Él es el fundamento, la roca subyacente de nuestra existencia, no iremos de prisa. Vamos a aprender un poco de Dr. Bynum y cultivar un poco de paciencia.

Recuerdo que en mis primeros años, estaba de prisa para terminar algo. Mi mamá me ponía a limpiar y yo "pala pala". En Jamaica eso significa limpiar lo visible de una manera descuidada que "parece" bien, pero si te vas de cerca. ¿Alguna vez sólo quería terminar con algo para poder pasar a la siguiente cosa? La tragedia con ese enfoque a las cosas es que puede extenderse a su vida personal y espiritual.

Yo estaba en un apuro para "arreglar" mi cascanueces. Yo estaba en una prisa por llegar a "Pastorear" bien. Es eso posible? Yo tenía prisa para tener la vida bien. Me estaba moviendo rápido sin darme cuenta de la velocidad. Esto es muy importante porque la construcción y la formación de este siguiente nivel de bendición que requieren de mí, también a ti que establezca un jardín de paciencia. Hay virtud en la paciencia; hay virtud en esperar. Hay virtud en el estar quieta en el Señor. Cuando intenta hacer cosas fuera de la voluntad de Dios, termina pagando un precio más alto de lo que sería que si simplemente espera. Esto suena fácil, yo sé, pero no estoy hablando de un texto o una historia de otra persona. Esta es mi jornada en el Señor es usada para animarlos a ustedes que todavía están haciendo la pregunta "¿qué hice mal?" Usted todavía se pregunta por qué no ha llegado más lejos en la vida, pasado por alto para la promoción o pasado por alto para el último contrato.

La clave para el texto de Isaías de esperar en el Señor es que usted no está esperando en el hombre. El hombre no será y no puede determinar el resultado de esta construcción cuando Dios está en el centro. Cuando Él es la piedra angular. No me importa quién eres o el título que lleva, Dios precede y sigue después. Él es el principio y el fin. No había nadie antes que él o habrá ninguno después de él. Si Él es el Todopoderoso, puede nada ni nadie truncar su decisión? Así que, captando este pensamiento, permite caminar en paz y en la confianza de que si Dios lo dijo, Él lo hará. Eso es lo que me ha garantizado. Esto es lo que te hará ralanzar, si se lo permites. Ese entendimiento de que usted también puede llegar a la altura donde Él quiere llevarlo si lo dejas. Así que después de haber pasado por algunas cosas, como he mencionado anteriormente en este libro. Después de haber pasado por algunas cosas como la Dra. Bynum mencionó, usted puede mirar a cualquiera o cualquier oposición a los ojos y decirles "no me importa esperar en el Señor."

Considere esto: "Excepto el Señor construye la casa, en vano trabajan los que la edifican." ¿Puede Dios construir su casa si se va más rápido que él? di una analogía, una vez en un estudio de la Biblia. Dije, considérate en la autopista y Dios está manejando a 45 mph. Si intentas ir a 50 mph se está moviendo fuera de la voluntad de Dios. Usted necesita mirar el límite de velocidad de la fe y saber dónde está Dios en su vida para esa temporada. Está bien que entender que Él te está llevando a algún lugar, pero no trates de adelantártele a Él. No me importa esperar en el Señor!

Dedicación y posesión Fase III

Señor bendiga esta casa

Unas de las cosas que me gusta hacer como pastora, es bendecir la casa de alguien después de que la ha comprado. Me encanta ver el cuerpo de Cristo bendecido, pero más aún cuando entienden la importancia de bendecir su casa. Simbólicamente le están diciendo al Señor que le quieren devolver a Él lo que Él le ha dado a ellos. En el libro de Deuteronomio 6: 4-9, vemos la casa como un lugar sagrado. Israel fue instruido a enseñarles a sus hijos desde casa, las leyes de Dios. La casa era donde el sacerdote, el jefe de la casa residía y él tenía que guiar a su familia a la adoración. Dicho esto, un hogar donde estaba la Palabra de Dios era un hogar bendecido como es hoy.

Otra razón por la que he sido invitada a algunos hogares, ha sido para templar el ambiente espiritual. Casas que han sido ocupados por diferentes grupos de personas con diferentes prácticas espirituales, con el tiempo experimentaran batallas espirituales. La verdad es que no tiene que ir tan lejos. A quién dejas entrar en tu casa? ¿A qué prácticas les han dado permiso en tu casa? Cuando Dios es el constructor de su casa tiene que haber el olor de santidad allí. Debe de verse diferente, sentirse diferente y espiritualmente ser diferente. La bendición de la casa es decir, quiero que el Espíritu Santo sea bienvenido aquí. Quiero que este lugar sea el lugar donde Dios habita.

Cuando el rey Salomón estaba construyendo el templo de Dios, la gloria de Dios descendió y lo llenó mientras adoraban. Dios le dijo el rey Salomón que iba a residir en ese lugar. Debido a que era una casa bendita, Dios le dijo que cuando hayan pecado o cayeran, pueden regresar a ese lugar y ser restaurado. Una casa bendita es un lugar de restauración y esperanza. Cuando su casa es bendecida, la gloria de Dios llenará el lugar. Las personas entraran y comentaran, hay tanta paz en tu hogar. Me encanta estar en tu casa, se puede sentir la presencia de Dios aquí. Usted podría preguntarse, si Dios es el centro, la roca subyacente, ¿por qué necesitan luego bendecirla? Bueno, si Dios te creó, ¿por qué hay que invitarlo a su corazón? Él es el Señor Soberano pero no se obligara a nadie, aun si lo que eres y dónde estás es por su bondad. La decisión que tome es El quien va a tomar el crédito para usted y su posesión o se lo va a devolver a Él? Cuando usted lo guarda, usted es glorificado y esa es su recompensa. Pero cuando usted le da a Jesús, no importa los retos que podría enfrentar incluso después de la bendición, usted tendrá la tranquilidad de saber que Dios lo tiene. Así que tú bendice tu hogar para que sea de Dios. Además, ¿no es increíble sólo saber que si es de Dios, no habrá necesidad, no te faltara nada porque el dueño es el proveedor? Mi Dios!

Cuando Dios me dio mi casa todo era un milagro. Si conoces mi historia completa usted sabe que no hay había forma de que la pudiera tener, más sobre esto en el próximo libro. Le dije al Señor, y esto es lo que muchos no entienden, que si Él me la daba, yo se la devolvería a Él. Yo estaba alquilando primero, que también era un milagro, y cuando llegó el momento de tomar una decisión lo puse en oración. Yo sabía que era indigna pero si él quería que yo tuviera, Él tendría que llevarme al cómo. Tendría que abrir las puertas porque sola no sería capaz de hacerlo. Dios puso en mi camino no sólo a las personas sino que era tan estratégico que incluso el cierre era ridículo, divinamente ridículo, eso es otra historia. Antes de que yo firmara los papeles por la posesión del terreno, yo tuve una vigilia de oración y le devolví la casa a Dios. Sí, no era la dueña todavía, pero tuve una oración de entrega a Dios antes del cierre, diciéndole al Señor que era su casa. Mi casa es ahora la sede de la iglesia que pastoreo. Era el lugar donde fue dada a luz Iglesia Internacional de Ríos Fluyentes. Se ha convertido en el lugar donde miríada de actividades para la iglesia toman lugar. Es el lugar donde doy aconsejo e instruyo al cuerpo. Le pertenece a Dios.

Al reflexionar de nuevo a los capítulos anteriores donde comparto los retos y deseando que Dios sea la roca subyacente, las tormentas que han pasado el dolor de la jornada, se podría decir cómo es eso posible? Pues porque la casa es bendecida en el medio de todo esto, Dios ha sido el centro. Dios ha sido el curador, el proveedor de la paz en medio de la prueba. Se ha convertido en el lugar de gran clamado a un Dios todopoderoso y cada vez Él ha estado ahí para responder. No prometió que no habría problemas, Él prometió no dejarme ni abandonarme durante esos desafíos. Él pudo hacerlo libremente porque yo le di acceso completo. La roca subyacente de mi casa natural y espiritual es el Señor y por eso ha sido mi constructor. Esto no era claro para mí hasta que comenzó esta jornada y con la claridad ha llegado la fuerza y la audacia.

Les animo a todos los lectores que viven en un espacio sin importar el tamaño. Tome un momento y háganse la pregunta. ¿Bendije yo esta casa? ¿Es Dios el centro? Yo no estoy hablando de los problemas que está enfrentando o la estresante vida que lleva. ¿Es Dios el centro, ¿la ha bendecido todavía? Si no, llamen a su líder de la oración o a su pastor e invítelos a que vayan. Hágales saber que usted desea dar su casa al Señor. Entiendan que significa que un poco de limpieza se llevará a cabo antes, durante y después del proceso. La llamada es decir porque quiero una vida en Cristo y quiero que Jesús sea la roca subyacente de esta casa, estoy dispuesto a votar y cerrar esas cosas que son desagradables a Él. Puede doler, pero es importante. ¿Por qué digo todo esto? La Palabra dice que no se puede poner vino nuevo en odre viejo o no se puede verter nueva alegría encima del viejo dolor. La nueva alegría no durará porque el viejo dolor atravesará. Tan pronto como usted quiere celebrar la nueva memoria, una memoria del pasado que no se ha liberado regresa y te consume. Así que, es hora de limpiar la casa. Adelante. Haga la llamada. Sé que quieres la bendición. Bueno, trata esta analogía, piense de donde el Señor te ha traído. Ahora pon todo ese dolor, todas esas heridas, toda esa tristeza en tus brazos y recoge un bebé. Usted ha colocado a un bebé recién nacido que no ha hecho mal, en brazos llenos de cargas que no se merecen. Ahora quiere mostrarles el amor, pero no puedes por el peso en tus brazos. El bebé no sólo puede sentirlo, sino también llegar a ser resistentes. Pero si suelta el peso antes de recogerlos, hay una ligereza y la alegría que se apodera de los dos. Una casa llena con el dolor del pasado no puede tener la misma alegría y la paz como uno que se ha librado de él, ya que fue puesto en libertad en las manos de Dios.

Esta analogía no es sólo para el hogar físico. Tu cuerpo llegara a ser el templo de Dios todopoderoso. Si has confesado a Jesucristo como tu Señor y Salvador, estás haciendo lo mismo que tu hogar físico. Usted está diciendo a Dios, quiero hacerte el Señor de mi vida. Yo quiero que seas el constructor de mi vida. Quiero que seas la roca subyacente de mi existencia. Él no puede y no va a invadir a menos que lo dejes entrar. Dice que está de pie en la puerta y él está llamando. Es su decisión si usted va a abrir la puerta y dejarlo entrar. Una vez que tome esa decisión le estás diciendo, "He pensado en esto y estoy listo para soltar las cargas de mi pasado. Sé que no estaba viviendo bien. Yo estaba viviendo en pecado. Yo soy un pecador debido a la caída del hombre, pero ahora quiero ser libre. Quiero que te hagas cargo. Yo quiero que seas el Señor de mi vida. "Esas son palabras poderosas, pero si usted está en serio, él lo hará. Esto no significa que usted no va a atravesar retos, pero como la casa, Él lo tiene!

Si usted realmente quiere que Dios construya su casa usted tiene que devolvérsela a Él. Vuelva a las herramientas. ¿Alguna vez has visto el terreno en el que se está trabajando, agarrar la herramienta con la cual se trabaja? ¡No! Así que si Dios es de llegar a ser el constructor de su casa, suelte las herramientas e invite al constructor a que entre.

Donde quiera que vayas

Para algunas personas la dedicación toma lugar después de la posesión de la casa o la propiedad, pero en este caso no es así. No lo es para mí, los muchachos que me conocen lo saben, tengo fe loca. En realidad, creo la palabra de Dios. En realidad, yo creo que si Dios lo dice Él lo hará. Usted debe también! La Palabra dice en Marcos 11: 22-24 NVI

> *²² Tengan fe en Dios respondió Jesús. ²³ Les aseguro que si alguno le dice a este monte: "Quítate de ahí y tírate al mar", creyendo, sin abrigar la menor duda de que lo que dice sucederá, lo obtendrá. ²⁴ Por eso les digo: Crean que ya han recibido todo lo que estén pidiendo en oración, y lo obtendrán.*

Así que nuestra oración no se puede llenar de dudas ni nuestros deseos para las cosas de Dios. Creo que es bueno comenzar dándole gracias a Dios por las cosas que no podemos ver antes de que lo veamos. ¿No es eso la fe? Cuando usted toma a Dios en su palabra, incluso cuando usted no puede verlo o sentirlo. Él dice que Él te curará de la migraña así que deja de mimarla y toma posesión de ella, como que si no se puedes vivir sin ella. Si quieres ser sanado y Dios dijo que te iba a sanar empieza a darle las gracias. No estoy loca, solo tengo experiencia. Yo estaba en Guatemala un año y caí por unas escaleras torciéndome el tobillo mal. Era el tipo de torcida en donde se hizo muy fría

Excepto el Señor

primero y luego el dolor se derramó consumiendo el tobillo entero, pie, y el cuerpo o era lo que sentía. Los que vinieron a mi rescate querían llevarme al hospital corriendo. Estuvo mal! A petición mía me ayudaron a mi habitación mientras preparaban hielo. Me negué a ir al hospital pensando que estoy en un país extranjero, me voy en unos pocos días y luego me di cuenta. Tenía aceite y tenía la Palabra. Dios me dijo que si le pedía CUALQUIER COSA en su nombre que lo haría. Me dijo que me iba a sanar. Me dijo que sólo necesitaba la fe. Agarré el aceite, puse mi mano en ese tobillo y me fui a trabajar. No, no era una cosa instantánea donde el dolor se fue. Pero en mi espíritu, el hombre sabía que Dios me había sanado. Llevé a Dios en su palabra. Para hacer un cuento largo, corto, el dolor físico duró varias semanas, pero mi fe creció. Cada vez que lo sentía le recordaba a Dios y le daba gracias por su bondad. Hasta el día de hoy no he ido al médico para mi tobillo. Esa fue mi fe, la de usted podría ser diferente, pero su palabra es la misma a pesar de todo

Ahora en el libro de Josué, elegí ese porque debido a que se puede hablar de tantos otros casos en la Biblia donde Dios hizo promesas ilimitadas. Donde vayan tus pies, por lo que los ojos pueden ver, o cualquier cosa que pida en el nombre de Jesús. Él hizo promesas que estaban y todavía están más allá del alcance de la capacidad limitada de nuestro razonamiento. En Josué, Dios le dijo que ya le había dado la tierra y todo lo que tenía que hacer, todo lo Israel tenía que hacer era ir a poseerla.

3 Tal como le prometí a Moisés, yo les entregaré a ustedes todo lugar que toquen sus pies.
Josué 1: 3 NVI

Si podemos comprender apenas solo su verso, estaremos encantados de soltar y dejar a Dios que construya nuestra tierra. Israel aún no había cruzado el Jordán. Joshua todavía no los había circuncidado. Todavía no habían marchado alrededor de la pared de Jericó, una victoria visualmente imposible. Sin embargo, Dios les dijo que él ya les había dado la tierra. Él les dijo donde quiera que sus pies toquen serán de ellos. Todo lo que tenían que hacer era creer. Todo lo que tenían que hacer era caminar. Todo lo que tenían que hacer era confiar en Dios. Que es lo que Dios te ha prometido, sino porque lo miraba con los ojos naturales y no con los ojos espirituales no vistes lo que Dios tenía para ti? Dios dice en su palabra de que sus promesas son sí y amén, significa que son finales. Todo lo que Israel tenía que hacer era obedecer las leyes de Moisés, la Palabra de Dios y caminar en la fe mediante la intensificación de las promesas de Dios. Lo que viene a la mente es que muchas personas tienen miedo de la bendición antes de ver.

En Jamaica diríamos "no le de mala suerte" no maldigan por hablar antes de tiempo. ¿Hubo una tormenta antes de que el siervo de Elías viera la nube del tamaño de la mano de un hombre? ¡No! ¿Acaso Israel tiene la tierra antes de cruzar el Jordán? ¡No! ¿Acaso Abraham tuvo una nación antes de que su esposa estéril Sarah tuviera a su hijo a los 90 años? ¡No! Pero si Dios lo dijo Él lo cumpliría. Lo único que debe ser cierto es que Él es el constructor, la roca subyacente sobre el que todo lo que eres descanse. Él lo prometió, sólo tienes que obedecer y dar gracias.

Esta es la parte donde la gente tiene un poco de confusión en la posesión, porque Dios dijo que es de ellos simplemente se sientan y esperan a que suceda. Dios me dijo que me iba a bendecir lo voy a tomar con calma. Israel tuvo que luchar; tenían que deshacerse de los enemigo que ocupo su tierra. Usted ve, cuando Dios les prometió a ellos, que era ahora su hogar. Ahora tenían el deber de limpiar su casa, librándola de cualquier cosa que pudiera hacer que no tuvieran descanso. Ellos iban para la casa a vivir en paz, para descansar de una larga jornada. No se puede vivir con el enemigo. Luz y oscuridad no pueden habitar en el mismo espacio. Uno se tiene que ir.

La posesión es un proceso continuo. Usted toma la acción de poseer y toma medidas para mantener. ¿Alguna vez has vivido en un lugar donde usted no hace nada? El primer día está limpio y huele bien. Se siente genial hasta el día 365 después de no haber hecho trabajo, nada de mantenimiento. Los muebles se están cayendo a pedazos; hay un olor que se eleva. Te has acostumbrados tanto a ellos, que no te das cuenta. La suciedad ha infiltrado y ahora posee su casa en vez de usted como lo hizo el primer día. Lo mismo ocurre con su cuerpo, que es el templo de Dios. Cuando le pides a Dios que se haga cargo, si no lo alimentas manteniéndolo libre de pecado, en muy poco tiempo estará de vuelta a la vieja vida sin darse cuenta de que ha desalojado al Señor.

Cuando dedicas tu casa, tu templo, usted ya no es el propietario. Dios se convierte en el dueño y el Espíritu Santo te reta a mantenerla. Digo reto, pero me refiero a un espíritu de convicción. Lo que es Santo nunca puede estar en paz en medio de algo o alguien que no es santo. No funciona. Cuando Dios construyen Él ordena tus pasos.

El SEÑOR afirma los pasos del hombre cuando le agrada su modo de vivir;
Salmos 37:23 NVI

Cuando te deleitas en Dios significa que Él es el constructor, Él te guiará en todos tus caminos. Él te muestra por que puerta entrar y de cuales puertas mantenerse alejados. Él te revela qué muebles, la gente, que derramara en ti y cuales te quitaran hasta dejarte seca. Él te da fuerza para cortar la cuerda de la cosa que está matando tu bendición y la fe para seguir adelante.

Me pregunto esto, ¿es posible que tengamos miedo bendecirlo primero porque fuimos criados a no darle "mala suerte" antes de? Fuimos criados a no contar los pollos antes de que salgan del cascarón. Hay que trabajar por lo que quieres, y haces. Pero hay una diferencia cuando sus esfuerzos son a causa de la carne en oposición al espíritu. Su trabajo no es en vano cuando Dios está guiando. No me malinterpreten, porque Dios te revele tu bendición no te da permiso para adelantártele a Él, situarte y empezar a construir antes hacerlo el constructor. Él le dio una idea para que puedas descansar en la promesa de lo que está por venir, mientras tú te posiciona para ser bendecidos. Es el factor de preparación.

El factor de preparación para mí es como las 10 vírgenes en Lucas 12: 35-39. Todas ellas estaban esperando el Esposo que volviera, representante de Jesús. Cinco de ellas fueron preparados en previsión de que podrían tener que esperar mucho tiempo, así que tenían aceite de más. Cinco de ellos, sin embargo, sólo tenían lo suficiente. Cuando por fin llegó, las cinco tontas no fueron encontradas por ningún lado, porque se fueron a buscar más aceite. Ellas no estaban preparadas. Las cinco sabias, por otro lado, estaban listas y se fueron con el novio. Esta es una lección enorme sobre la fe y la salvación. No podemos decir que Dios lo dijo, pero voy a esperar hasta que yo lo haga. Si Él lo dijo va a cumplirlo. Es una cuestión de creer. Es una cuestión de fe. Es una cuestión de ser conducido por Él. No ver una cosa no significa que no exista. No saber cuándo va a suceder, no significa que no va a suceder. Dios le dijo a Adán que la simiente de la mujer aplastaría la cabeza de la serpiente. Jesús vino a cumplir esa promesa.

Acuerda conmigo: Padre, en este momento, por cada persona que está leyendo esta sección yo oro. Yo oro para que su fe sea fortalecida. Creo Señor que propusiste a su corazón leer este libro porque está a punto de derramar tu gloria sobre ellos. Declaro en el nombre de Jesús que las mentiras que fueron alimentadas, ahora están rotas, las cadenas de dolor se han roto, el yugo de la historia ha sido desechado. Libero sobre ellos una nueva visión de tu propósito para sus vidas. Señor te pido que al entrar en esta nueva temporada con gran duda de que tú les dés la fuerza para seguir adelante. Pido una liberación de bendiciones sobre su casa, su familia, sus finanzas y su jornada en ti. Ruego que aumente la fe en el nombre de Jesús. Señor, es por el poder de tu Espíritu Santo que declaro todo esto hecho en el Nombre de Jesús. ¡Amén!

Fe para Levantarse

Si usted acaba de decir la oración conmigo, vamos a seguir adelante, levantándose a un nuevo día, un nuevo tú. Cuando usted ha pasado a través de una tormenta que te deja sentir sin vida, no tiene mucho de que agarrarse. Debe ser que nada podría motivarlo a ponerse de pie. Sin embargo, he recibido una confirmación audaz el 22 de septiembre 2014, que mi llamado era verdaderamente de Dios. Es chistoso, yo siempre predique y enseñe, dejé el campo de la educación después de 17 ½ años no porque quería ser una pastora; No lo quería. Repito que NO lo quería! Me fui porque Dios me dijo que mi tiempo había terminado. Él había esperado lo suficiente y El me trajo a Massachusetts no para que funcionara en la capacidad en que lo hice, pero para posicionarme para Su propósito. Déjame decirte, cuando usted está posicionado para el propósito de Dios, tiene una actitud como el escritor dice, que "ninguna de estas cosas me moverán". El hombre nunca será capaz de entenderlo a menos que usted haya caminado esta caminata que estoy describiendo.

Yo estaba en el camino de Damasco de la vida, no en rebelión a Dios, pero no centrada en cualquier cosa que remotamente se parecía a lo que estoy haciendo ahora. Esto no disminuye el dolor del proceso por cualquier medio. El punto es que donde otros podrían haber abandonado el barco, levantar una pelea o ido en una dirección diferente, Dios me permitió mantenerme firme. Las piezas del rompecabezas estaban cayendo en su lugar y yo no era el fabricante del rompecabezas. Mi Dios!

Se llegó a la decisión de que mi primera misión como pastora ya no era un ajuste perfecto y respetuosamente estoy de acuerdo. Como se mencionó antes, un bebé no puede permanecer conectado al cordón umbilical una vez que sale de la matriz. Tanto el bebé como la madre se verían afectados. Yo había llegado a nuevo nivel en mi llamado y era mi tiempo para transformarse en el pleno propósito de mi misión aquí en Nueva Inglaterra. El dolor de la despedida es real, pero la alegría de un nivel superior hace que sea menos traumática.

Fui a casa y las personas que han orado por mí en muchos momentos vinieron a mi casa, no a mostrar piedad sino a mostrar fuerza. Entramos en un tiempo de oración. Enseguida Dios dejó en claro, nuevo comienzo. Un par de días más tarde nos reunimos y oramos. No hemos dejado de orar. Dios nos condujo al libro de Ezequiel y de allí nos recibió el nombre de la iglesia "Iglesia Internacional de Ríos Fluyentes" En todas partes donde el río fluyo trajo vida. Dios nos ha dado nueva vida y que se nos convertiríamos en los conductos a través de los cuales se revivieran otras vidas.

Esa confirmación audaz que mencioné anteriormente era Dios diciendo ahora necesito que me pruebes. Tú lo has predicado, lo has enseñado, ahora vívela. Era como cuando Jesús le habló a Pedro preguntándole tres veces si le amaba y con cada respuesta de sí, Jesús le dijo que alimentara a sus ovejas. Bueno, esto es sólo mi segundo honor de servir como pastor de una congregación, pero esta vez veo donde predicando Dios me permitió hablar de un cambio y no me imaginaba que daría lugar a primero ser nacida y después dar a luz a algo desde dentro.

Esa temporada fue increíble! La palabra " increíble " para algunos puede venir acompañado con mucha emoción y alegría. Para mí, había un poco de eso, pero yo también estoy considerando el hecho de que, por definición, también se refiere a algo que es enorme o abrumador. La temporada fue increíble porque era más grande que yo. Aprecie que Dios me recuerdo de lo impresionante que es y yo soy dependiente de él. Para mi, esta temporada se convierte en un testimonio de mí para que me deje de mi misma. Si Dios está en control, entonces Él lo tiene. Nada sucede sin Su permiso. Este era un buen momento, doloroso porque el constructor había recuperado las herramientas y estaba trabajando en esto para Su gloria. La fe al levantarse es la idea de conocer que Dios ha recuperado las herramientas. Levántese de tu situación y deja la fiesta de lastima. Dios Es Dios y si confías en El me refiero realmente confiar en El, déjalo terminar lo que empezó. Creo que un montón de personas cuando pasan por momentos como éste buscan una razón para culpar. Le dan acceso al enemigo a nuestras almas. Él entra y trae las cosas de al cuales Dios ya te ha librado y en poco tiempo usted se encuentra en una cueva, enterrados bajo una roca. Mi desafío a usted, es reconocer El constructor y confiar en su decisión si necesitan que ladrillos sean eliminado, ventanas deben ser selladas o puertas tienen que ser cerrada. Confía en El para repavimentar los caminos de entrada de tu casa para dar paso a nuevas conexiones, nuevas oportunidades y bendiciones más grande. ¿Es posible que el lugar en donde estaba no tuviera espacio para la magnitud de la bendición que venía hacia ti? ¿Es posible que tu bendición podría haber sido abortada si te hubieras quedado y luchado tratando de poner una clavija cuadrada en un agujero redondo? Levanta tu cabeza, camina con gracia y dignidad y deja que Dios tenga la última palabra.

Artefacto # 6

"Aun Así me Levanto" por Maya Angelou

Me encanta el trabajo del Dr. Maya Angelou. Yo solía memorizar y recitar sus poemas en la escuela y cuando era apropiado durante las actividades de la iglesia. Uno de mis favoritos es Aun Así me Levanto. Es el tipo de conversación real que habla a su independencia. A pesar de las circunstancias, me levanto. A pesar del dolor, me levanto. A pesar de: llene el espacio en blanco, me levanto. Nada en la vida tendrá permiso de mantenerme hacia abajo; Me levanto.

"Tú puedes escribirme en la historia
con tus amargas, torcidas mentiras,
puedes aventarme al fango
y aun así, como el polvo… me levanto.
¿Mi descaro te molesta?
¿Por qué estás ahí quieto, apesadumbrado?
Porque camino
como si fuera dueña de pozos petroleros
bombeando en la sala de mí casa…
Como lunas y como soles,
con la certeza de las mareas,
como las esperanzas brincando alto,
así… yo me levanto.
¿Me quieres ver destrozada?

cabeza agachada y ojos bajos,
hombros caídos como lágrimas,
debilitados por mi llanto desconsolado.
¿Mi arrogancia te ofende?
No lo tomes tan a pecho,
Porque yo río como si tuviera minas de oro
excavándose en el mismo patio de mi casa.
Puedes dispararme con tus palabras,
puedes herirme con tus ojos,
puedes matarme con tu odio,
y aun así, como el aire, me levanto.
¿Mi sensualidad te molesta?
¿Surge como una sorpresa
que yo baile como si tuviera diamantes
ahí, donde se encuentran mis muslos?
De las barracas de vergüenza de la historia
yo me levanto
desde el pasado enraizado en dolor
yo me levanto
soy un negro océano, amplio e inquieto,
manando
me extiendo, sobre la marea,
dejando atrás noches de temor, de terror,
me levanto,
a un amanecer maravillosamente claro,
me levanto,
brindado los regalos legados por mis ancestros.
Yo soy el sueño y la esperanza del esclavo.
Me levanto.
Me levanto.
Me levanto."
Maya Angelou

Este poema es tan alentador si tenemos en cuenta el mensaje de la comprensión de su verdadero valor. No se puede ser un verdadero hijo de Dios, saber quién es Él y subestimar su valor actuando como un mendigo. Usted tal vez no se parezca a la otra persona, pero se parece a Jesús, entiendes, de hecho, puede levantar la cabeza en alto en medio de tu circunstancia convencido que Dios lo tiene. Cuando Dios habla en nuestras vidas, cuando él nos promete la tierra ,no esperes que EL nos la traiga a nosotros. Él le dijo a Josué que donde quiera que tocaran sus pies sería de ellos. No había límites, todo lo que tenían que hacer era seguir caminando. A veces nos cansamos en la jornada y satisfecho con lo poco que tenemos. Dios no nos dijo que nos detuviéramos, lo hicimos. Si hemos de poseer la tierra hombres y mujeres de Dios, no se detengan en las puertas de su santuario o su capacidad intelectual. Volver a cabo ya a través de su red en el otro lado y deja que Dios llene tus artesas. Levántate de tu propio auto-impuestos, tu auto, aceptada cenizas y entra en tu bendición. Su constructor no es finito por llegar más allá del alcance de su pensamiento finito en la posibilidad de la imposibilidad. Es allí que tu fe es probada; es allí donde se ve a Dios.

Lecciones aprendidas Fase Final IV

Tu sabes que has sido cambiado cuando no hay mucho que te mueve. Tu sabes que no es lo mismo cuando las cosas que le molestaban ya no tienen importancia. Tu sabes que has cambiado cuando la gente que llamabas o que te llamaban ya no te mueve. Acaba de llegar a un lugar de, bueno Dios somos tú y yo. Ahora lloro menos del dolor y más de la bendición. Lloro, canto, porque soy feliz. ¡Espera! ¿Qué estoy hablando? Desde afuera las cosas no se ven tan buenas. Desde el exterior de mi casa no es perfecto. Desde el exterior hay una gran cantidad de trabajo por hacer. Sí !!! De eso se trata. Si Dios es el constructor no quiere decir que a partir de las cosas que están fuera se ven perfecta, significa que Él te está perfeccionando desde adentro hacia afuera. Wow! Eso me golpeó! Me paso horas escuchando a la gente y dándole tutoría en su situación. Les hablo con la autoridad de la Palabra! Hoy en día, hablo de un lugar de vulnerabilidad segura. Yo estoy segura que si Dios lo hizo para mí él puede hacer lo mismo para usted. Estoy en un estado de vulnerabilidad porque sé que estoy en construcción constante, pero la fundación se ha establecido.

En todo este camino, Dios me ha enseñado a reposar en mi dolor, para sonreír en la cara de la oposición, y para alabar aun cuando no puedo orar y viceversa. Él ha permitido que sea un mayor ejemplo para mi familia, mi cascanueces y mi sobrino que ha hecho el cambio a un recién casado. Celebro más ahora en la verdad de que donde está Dios hay paz, hay alegría, hay amor y la lista continúa. Donde yo estaba en el comienzo de la jornada es donde Dios quiere que yo este ahora. Estoy descansando! Ah, se siente bien.

Fue bueno que yo hubiera sido afligida

Fue bueno que yo hubiera sido humillado es una forma de apreciación y la comprensión de que la aflicción no es siempre una cosa mala, especialmente cuando Dios es el constructor. Esto no es un pensamiento original, sino más bien lo que el Salmista declaró en el Salmo 119: 71

Me hizo bien haber sido afligido, porque así llegué a conocer tus decretos.

Es la comprensión de que la lección no fue aprendida hasta después de la aflicción. Cuando nuestros padres nos dicen que no toquen la estufa caliente y lo hacemos sólo para rebelarse o ver lo que era la gran cosa, aprendemos rápidamente que la estufa caliente nos va a quemar. La próxima vez nos alejamos de ella mientras está caliente y procedemos con cautela para no experimentar el mismo dolor que antes.

Fue hace más de un año que el Señor me trajo al texto subyacente de este libro y algo tan simple era difícil de envolver mi cabeza alrededor de esto. No iba a ser un sermón bien escrito, pero uno que reta mis miedos y da a luz a un nuevo día en mi vida. De este versículo, al menos que Dios construya mi casa, el trabajo es en vano; ha tomado un nuevo significado para mí y con oración para usted también. Empecé a hablar de la tormenta perfecta que conduce a una gran cantidad de desarraigo, exposición, construyendo y dando forma que lleva a un punto de la bendición y posesión. Esta lección no podría haber sido enseñada en el aula. No debe ser predicada sin fundamento, utilizado sólo como un material de carga desde el púlpito solo para decirle a la gente cómo vivir sus vidas. Me atrevo a declarar si cada predicador, maestro, ministro o líder, tuviera esta fundación como base en la cual se construye su ministerio o su hogar no usaríamos la Biblia como un martillo, sino como una sombrilla. Nosotros no retaríamos a la gente en el hacer y no hacer, sino cubrirlos bajo el amor de Dios y permitir que el calor de su amor cambie sus vidas y corazones. Yo vi una vez en la que alguien dijo que se han conocidos a más personas agradables con tatuajes y aretes que las personas en la iglesia. ¡Eso es triste! Esto no es una cuestión de juzgar la apariencia sino una triste verdad, que Dios debe ser el constructor de nuestros hogares. A pesar de cómo queremos justificar la definición de hogar podemos entender que si es el lugar de vivienda, el lugar de adoración de nuestros corazones, Él debe ser el constructor. Dios es amor; por lo tanto, nos levantamos para sanar más que hacer daño cuando Él es la roca subyacente.

Esta temporada me ha enseñado más sobre esta convocatoria que se ha colocado en mi vida, las responsabilidades que lo acompañan. Es chistoso, tengo cuatro grados y un par de certificados y todavía no estaba preparada para llenar este zapato como Pastora Principal, sin embargo, Dios me llamó. No voy a usar este o cualquier medio para juzgar la preparación académica bien o mal para servir en esta capacidad. Lo que voy a decir, es a pesar del nivel de preparación de nadie si Dios no es el constructor de su casa, no es Dios sobre su vida. Desde el más logrado hasta los que no son logrados, esta lección me ha enseñado a través de la gran aflicción que él construye, dirige, y yo le sigo.

Esta aflicción me ha dado una gran paciencia y la comprensión de cómo criar de mí, "Cascanueces" que ahora tiene 20 años de edad. Yo no quiero que se vea como nadie porque ella está con la Pastora. Yo no quiero que ella crea que tiene que ser de cierta manera porque ella es con la Pastora. Yo no quiero que pierda la oportunidad de su libre albedrío, porque ella está con la Pastora. Yo sólo quiero que se entienda que hay un Dios que la ama y nunca la dejará ni la abandonará. Yo le doy permiso a la comunidad de la iglesia a amarla en la corrección y amarla fuera de la corrección, no para hacerla ver tradicional, sino para ayudarla mientras ella camina por la carretera de la vida de Dios. Estaba tan atrapada en lo que otros puedan decir que casi me perdí simplemente de ser "Nina". Dios está construyendo nuestra casa en esta área.

Me parece que soy ahora capaz de hablar realmente con los padres que me hablan acerca de sus hijos o seres queridos. Mi enfoque no es de un asiento alto, pero de cara a cara, ojo a ojo, entiendo dónde te encuentras. Si Dios lo hizo por mí, lo puede hacer por ti. Pongámonos de acuerdo en oración por su situación. Palabras para el lector, es difícil llegar a un acuerdo en la oración en algo que usted no cree.

En el ministerio, estoy en el cielo. Dios me ha dado una familia de creyentes que me mantiene en los dedos de punta porque están tan hambrientos. Me siento como madre, hermana, tía, abuela, profesor, predicadora y todo por El medio. Mientras somos un ministerio de jóvenes Dios nos posiciono desde el primer día con prácticamente todas las áreas del ministerio cubierto. Aprendí el amor de Dios el primer día de servicio, 25 de septiembre, cuando 52 personas que no llame, pero que escucharon que nos estábamos reuniendo se presentaron. Hemos ido creciendo desde entonces. A través de mi aflicción me abracé a mi llamado. Cuando Dios es el que te llama y es tu constructor El permanece fiel a lo que Jesús dijo a Pedro: "sobre esta piedra edificaré mi Iglesia y las puertas del infierno no prevalecerán." Su llamado no corresponde a un edificio, sino más bien rendirse a su dirigir. Como creyentes y especialmente siervos de Dios realmente tienen que tener una mentalidad de trabajo, usted entró desnudo a este mundo y prepárese para salir desnudo si debe, pero nunca te rindas en el que te creó. Aférrate, inquebrantable en tu fe.

Fue bueno que yo fuese humillada en mis finanzas. Eso fue doloroso. Sin embargo, la verdad es que, mientras estoy calificada para trabajar en grandes trabajos, mi corazón está totalmente entregada a Dios. Yo podría haber marchado y regresado al sistema. No lo hice. Le dije al Señor, Él me llamó, Él conocía mi corazón, Él era mi Jehová Jireh y Él tenía que proveerme. Él me enseñó, que iba a hacer todo eso, pero primero él me ayudaría a ser rica con poco y entonces será capaz de abrazar la bendición que estaba en camino. Ahora esto es un reto. Siempre he sido bendecida y los que me conocen han sido cómplices en mi bendición. Esta jornada fue parte del proceso de realmente dejar ir lo que podía y apoyarme en quien yo conocía. Llamé a Jesús. ¡Alabado Sea Dios! Me dio tanta paz que la persona promedio habría perdido su mente. Yo sólo me aguante y dije Amén. Por fin pude dejar a un lado la idea de que "tengo salida con mis credenciales" y le dije a mis padres y algunos otros que lo único que quería hacer era vivir para el Señor. ¡Eso es todo! Lo que él quiere que haga, en donde él quiere llevarme allí estoy yo.

Esta aflicción me ha revelado la carga de la verdad en términos del amor del Señor y el amor del hombre. Mientras es un tema para otro libro, estoy muy agradecida por este camino porque cuando se está construyendo su casa, usted puede decidir que influye en las decisiones que tomar para su bien. Si Dios es la roca subyacente, ahora se puede permitir que Él realmente diga sí nombra, sí unge, y la lista sigue. Una casa que ya está construida tiene poco espacio para el cambio. Pero una nueva construcción está construida de acuerdo a las notas del constructor y el jefe arquitecto. A veces nos aferramos a la construcción del viejo odre cuando Dios quiere bendecirnos con algo nuevo. A veces nos aferramos a odre viejo que nos impide realmente conseguir la nueva unción. Estoy agradecida por esta temporada de la aflicción en el ministerio porque mi hambre de querer más se ha desplazado a un nivel que no puedo explicar. Este libro no se habría dado a luz si no hubiera pasado por esta aflicción. Iglesia Internacional de Ríos Fluyente, que nunca fue un concepto antes no se hubiera dado a luz si no hubiera sido por esta aflicción. Ministerio Terika Smith con todas las conferencias ahora alineadas, no se hubiera dado a luz si no hubiera sido por esta aflicción. La dirección del Ministerios Envíame a Mí, no hubiera progresado como lo ha hecho si no fuera por esta aflicción. ¡Gracias Dios! ¡Él recibe la gloria! Fue realmente bueno que yo hubiese humillada porque ahora entiendo más de quien soy en Cristo y quien es Él en mí.

En mi familia, soy más abierta en conversaciones de dónde estoy. Todavía soy una solitaria pero he encontrado una voz y no tengo miedo de hablar. Es una voz de aliento y desafío. ¿Alguna vez has estado desesperado de querer que sus seres queridos experimenten la bendición que está experimentando? Vi cómo Dios está abriendo puertas para el diálogo en otro nivel. Cada uno de los miembros de mi familia tuvo la oportunidad de intervenir en la portada de mi libro, eso es impresionante. Mientras vivimos en diferentes estados, veo la sanidad en el aire. ¡Dios es impresionante!

Me dirijo a todos los lectores que se acobardan a la aflicción y creo que no le debería suceder a usted. ¡¡Mal!! Te debe pasar a ti, porque a través de esto Dios tiene un gran trabajo para que usted haga. Vidas dependen de usted para sanar de tu aflicción. Hay que ganar almas como resultado de tu aflicción. Sé que duele. Sé que es difícil de discutir siquiera dónde se encuentre. Pero como le digo a mis alumnos, sal del camino y deja a Dios ser Dios sobre tu vida. Se transparente con El, pero no sigas sin Él.

Dios lo Bloqueó

En la iglesia en donde después de emigrar a este país, solíamos cantar esta canción:

No te rindas al borde de un milagro
No te rindas, Dios todavía está en el trono
No le dé al borde de un milagro
No te rindas, recuerde que usted no está solo

Palabras de aliento como estos no tienen sentido si no crees que Dios está todavía en el trono. ¿Es fácil decir que hay un Dios, o se preocupa El por mí? ¿Es fácil preguntarle por qué El permitió que esto me sucediera a mí? Está bien en su dolor hacer preguntas y sentirse frustrados. Sin embargo, no está bien permanecer en ese lugar.

En uno de mis diatribas anteriores, he compartido algunos de los momentos oscuros de mi vida. Estos fueron los momentos que yo no era libre dentro de mí para hablar, hasta que mi temporada de la aflicción, donde la tormenta perfecta parecía haber conseguido lo mejor de mí. Me escondí y casi perdí el yo que Dios me creó para ser. Es el testimonio de cómo todo, en realidad puede y va a cambiar cuando Dios se convierte en el constructor. Él es el único que es capaz de profundizar en el núcleo y completamente erradicar el residuo de su dolor, pero él no lo hará hasta que usted le de acceso. Así que muchos, en lugar de enfrentarse su dolor escondido, se pasan por víctimas de vida para sí mismos. Su dolor es tan profundo que la autoestima se pierde. Se hace más fácil para rechazar la posibilidad de mejor, cuando peor es su mejor amigo.

El enemigo te afligió y lo encaminó a mal pero Dios le dio la vuelta para su bien. Titulé esta sección, Dios lo Bloqueo, como una forma de alentar a todos los lectores que Dios ha estado allí todo el tiempo. Considera esto:

- No debió de haber nacido porque mami contemplo el aborto. ¡Dios lo bloqueo!
- Usted debió haber estado muerto debido a ese accidente de carro. ¡Dios lo bloqueo!
- Se supone que seas un vegetal en el hospital, dependiendo de máquinas. ¡Dios lo bloqueo!
- El cuchillo estaba destinado a matarte. ¡Dios lo bloqueo!
- El intento de suicidio falló. ¡Dios lo bloqueo!
- El accidente de carro estaba destinado a matarte. ¡Dios lo bloqueo!
- Él te violó y te dejo por muerta. ¡Dios lo bloqueo!
- Ella te despojo de todo lo que tenía, pensó que ella te amaba. ¡Dios lo bloqueo!
- Mamá salió de ti, papá se fue y nunca regresó. ¡Dios lo bloqueo!
- Se te dijo que no serias nadie. ¡Dios lo bloqueo!
- Usted fue pasado por alto para la promoción y ahora tiene su propia empresa. ¡Dios lo bloqueo!
- Los médicos te dejaron por muerto. ¡Dios lo bloqueo!
- La aguja estaba infectado con la bacteria del VIH. ¡Dios lo bloqueo!

- Drogas te estaban destruyendo. ¡Dios lo bloqueo!
- Aún debe estar tras las rejas. ¡Dios lo bloqueo!

Esta lista puede continuar porque la realidad es que Dios ha bloqueado el mal que estaba destinado hacia usted. Él ha estado allí todo este tiempo, trabajando detrás de las escenas. Él lo creó a usted no para que perezca, sino que tengas acceso a una vida eterna llena de Su gozo y de Su paz. A pesar de los dolores que han pasado o están pasando, sólo recuerda que Dios realmente lo tiene. No se estrese por el resultado. ¡Él tiene esto!

¿Sabías que en realidad tú podrías comenzar a bolar en Dios, mientras que usted pasa por su dolor? Muchos lo pusieron en espera y tomaron rutas alternativas hasta mejorar. Luego tratan de darle a Dios lo que ellos piensan que se merece. Si Dios es el constructor, Él quiere lo bueno, lo malo y lo feo de ustedes. Él quiere todo. Confía en Dios lo suficiente para continuar la jornada que comenzaste en Él, pero con una actitud diferente. A diferencia de aferrarse a las herramientas, confía en El para liberar y caminar; cuando dice camina, y parar cuando dice, para. Él ordenará su paso, incluso en su dolor. El guiará tus pensamientos incluso en la niebla. Usted se convertirá en el avión en vuelo que no está siendo volado por lo que los ojos visuales pueden ver, pero la brújula de la gracia de Dios.

Cómo encontrar su paz interior

Hay libros y estudios sobre cómo encontrar su paz interior, esto no es este estudio. Anteriormente escribí sobre Filipenses 4: 6-9 y que el antídoto para la ansiedad es la paz que viene de la oración, de súplica y dando gracias. Yo no adopto ninguna rutina de meditación, yo no empecé yoga ni me siento en la silla de un terapeuta. No estoy en contra a los terapeutas; sirven un excelente objetivo para aquellos que los necesitan. Estoy hablando de una fórmula que la palabra de Dios me enseñó en medio de mi tormenta. Oré y clamé a Dios constantemente. En el proceso de orar y clamar, aprendí a decir gracias. Descubrí que mientras más le decia gracias las cargas fueron más livianas. Quiero decir, yo sabía que no todo estaba visiblemente bien pero estaba bien con mi alma.

En mis oraciones, me encontré con escrituras que relacionaban con donde yo estaba. Le recordé a Dios de su palabra. Oré menos acerca de Dios rescatándome de mi situación actual y más sobre que me llevara a donde él quería que yo fuera. ¿Sabes lo difícil que es eso? Pero yo digo que si lo intentas, te vas a encuentra que el dolor comienza a levantarse y vuelve la alegría. Su ceño se convierte en una sonrisa. Te lleva a un lugar donde tu sonrisa interior se convierte en su reflejo exterior. Es probable que usted diga, yo no sé cómo orar. Bueno, ¿sabes decir gracias a Jesús? ¿Sabes decir, Te amo Señor? ¿Sabes dicer, Padre ayúdame? Si usted sabe, y lo hace, usted sabe orar. Usted comienza el proceso y, de repente, el Espíritu Santo se hace cargo. Su 30 segundos de oración se convierte ahora en 5, 10, 15 minutos y más. Cuando haces eso, la paz empieza a descansar sobre ti.

Entonces, ¿cómo puedes dar gracias? ¿Cómo se dice gracias cuando su mundo se está cayendo a su alrededor? Bueno, me alegro de que hayas preguntado. Mire su horrible situación y busca algo pequeño que refleja un rayo de esperanza y da gracias. Después de que haya hecho eso, busca otro. Cuanto más lo haces, no sólo va a encontrar que sus oraciones han cambiado, pero su nivel de gratitud también. A continuación, dese cuenta de que lo que está sucediendo a su alrededor no tiene nada que ver con el hombre, sino más bien el plan y la voluntad de Dios para su vida.

Sé que para el que no cree esto suena raro. Te digo esto, yo estoy donde estoy porque me deje de llevar por mí misma y me aferre al Señor. Le di todo el poder para construir mi casa. Él lo está haciendo desde por dentro hacia afuera y se siente tan bueno. No necesito la afirmación del hombre, porque Dios ya ha dado su sello de aprobación. No estoy diciendo que no voy a derramar más lágrimas. No estoy diciendo que la tierra debajo de mí no se derrumbara de nuevo. Estoy diciendo que cuando sucedan los retos de la vida sé cómo encontrar la paz en medio de todo.

Referencia

Hamlet by William Shakespeare, between 1599 and 1602

The Diary of the Wolf-Children of Midnapore by The Reverend J.A. L. Singh, 1920

2010 Chilean Earthquake, source Wikipedia, adapted source May 23, 2015

www.ingramcontent.com/pod-product-compliance
Lightning Source LLC
LaVergne TN
LVHW051602070426
835507LV00021B/2719